写作高手速成手册

書くのがしんどい

［日］竹村俊助 —— 著
吴宇鹏 —— 译

中国友谊出版公司

图书在版编目（CIP）数据

写作高手速成手册／（日）竹村俊助著；吴宇鹏译．－－北京：中国友谊出版公司，2022.4
ISBN 978－7－5057－5311－2

Ⅰ.①写… Ⅱ.①竹… ②吴… Ⅲ.①写作－手册 Ⅳ.① H05-62

中国版本图书馆 CIP 数据核字（2021）第 171434 号

著作权合同登记号　图字：01-2022-1858

KAKU NO GA SHINDOI
Copyright © 2020 by Shunsuke TAKEMURA
Illustrations by FUJIKO
All rights reserved.
First original Japanese edition published by PHP Institute, Inc., Japan.
Simplified Chinese translation rights arranged with PHP Institute, Inc.
through Bardon Chinese Creative Agency Limited

书名	写作高手速成手册
作者	［日］竹村俊助
译者	吴宇鹏
出版	中国友谊出版公司
发行	中国友谊出版公司
经销	新华书店
印刷	天津中印联印务有限公司
规格	880×1230 毫米　32 开 8 印张　142 千字
版次	2022 年 4 月第 1 版
印次	2022 年 4 月第 1 次印刷
书号	ISBN 978-7-5057-5311-2
定价	52.00 元
地址	北京市朝阳区西坝河南里 17 号楼
邮编	100028
电话	（010）64678009

序　言
每个人都能成为写作高手

说实话，写文章这件事真的不挑人。突然这么说可能会有些伤自尊，非常抱歉，但事实的确如此。来想想看：再不济，你多少也有发信息的经验吧？社交软件的推文也写得头头是道吧？而在工作中，你应该也对撰写邮件毫不陌生。说不定你还在网上发表过探店评价。

是的。其实大家每天都在"写"着某些东西。

可脑子里一旦有了"来写文章吧！""将想法传播出去！"的念头，手却开始不听使唤，紧张不已——我应该没说错。明明能发信息，却苦于写不出长篇文章；精于社交软件推文，正式的文本却一窍不通；天天敲打着各类邮件，专栏和散文依旧宛若天方夜谭。它们都被称之为"写作"啊，但究竟哪里不同呢？

很多人在说自己"写不了文章"的时候，极易误解为是自身写作水平不足导致的。但绝大多数人其实都是天生的写作好手，写文章不过是动动笔就能解决的事情。

实际上，写不出文章并不在于"技术"。个中缘由自然繁杂，但最关键的应该是"心态"。写不出个所以然,在于对写作的思考与定位,这就是"心态"问题。只要能把"心态"纠正过来,人人妙笔生花便不再是奢望。

不可思议:越是想写,越是写不动?

既然提到了"心态问题",那具体来说有哪些问题呢?若是展开讲的话难免过于烦琐,更详细的部分姑且挪到正文中再聊,在这里先向诸位传达两点吧。

当我们鼓起劲儿,心想"好嘞,准备开写!"的时候,大多数人其实都是打算靠"自己的脑海"来生产文章的。在脑子里左右搜刮一遍——"有没有好玩的素材能用?""找找漂亮的表达手法?"好不容易做好准备开始要写第一行字了,却进展不顺。写一行删一行,写一行再删一行,最后直接摔笔:"我应该是没有文字才能了",遂放弃努力。

然而,这种"努力想要生产内容"的心态本来就不太对:我们的内部原本就空无一物。不可否认,部分天赋异禀的作家就算闭着眼都能写出佳作来,他们需要的仅仅是突如其来的灵感,洋洋洒洒即可挥就文章——但这对于普通人而言,操作难度实在太高了。就我看,连"写作"也不是什么好词,因为像"文章""写作"这些词汇,显然都缺乏"目的性"。而如果写作本身成了一种目的,那写不出文字几乎是必然的,所以你越是想写,越是写不动。

最重要的并不是"努力去写些什么",而是"努力去传达些什么"。邮件也好、信息也好,当你有向对方传达观点和信息的意图时,自然就能"写"出来了。你见过有人说"来发一条消息"吗?人们发信息都是在解释诸如"电车晚点了,所以我会迟到一会儿"的情景下,想要将关键内容传达给对方才写出来的。

写作的第一步正在于此,拥有"想要传达出去"的心态就够了。如此一来,就算没有刻意强迫自己"赶紧写些什么东西",文字和语句也会自然而然地流露于笔下。

不要从零开始写作

再补充一点。

虽说"从零开始写作"并不容易,但人还是有能力去"修改已有的文章"的,大多数人都能在阅读他人的文章后做出评价。

"这里助词用错了吧?"

"嗯,你这里写得不太好理解啊,不如围绕重点展开来讲更好?"

我们可以非常理所当然地为对方提供修改建议。那要是这些环节可以全部由个人独立完成的话,写作岂不变成一桩易事?换言之，一个人同时担任"作者"和"编辑"两个角色就行了。

首先，什么都不要顾忌，只管直抒胸臆地把想传达的内容全部写出来即可。之后平复自己的心情，冷静地站在"编辑"的立场上重新审视这篇文章，进行调整和完善。通过这种方法，大体可以独立产出具有一定水准的文章。

身为图书编辑，至今为止我负责了50多部作品的编辑工作。工作内容无外乎为作家所写的文章标红、提出建议或修正等等，而在许多情况下，我几乎得把他们的文章"重写"一遍。老实说我并不属于天生热爱写东西的那类人，做这些事情颇为痛苦，所以当时也真没打算要把"写作"当成谋生工具。但没想到，我居然在帮别人修改文章的同时锻炼出了自己的"写作能力"。

"要我心血来潮地写作的话，确实不容易；但以修改已有文章的形式去写东西，这条路说不定走得通哦……"，当我发觉到这一点之后，对写作的抗拒心理就消失不见了。

所以，那些觉得自己写不出文章的人，首先就应该及时抛弃"想要写些什么"的心态，转而去思考"想要传达些什么"；此外，也不要上来就想"从零开始写作"，而应采取"先写了再做修改，最后整理为文章"的方法。这样操作下来，写作或许也能变得更轻松愉快些。

"写文章费劲"的原因，真相大白！

我当编辑的这 10 多年，日夜浸淫于作家们的文字之余，也没少听他们向我倾诉烦恼，痛陈"我是真的写不动了，该怎么办啊？"因为我主要编辑的方向是负责商业类书籍，动笔的全是企业家或商界人士，他们自然都不靠"笔头"来吃饭。那这些"非专业写作者"又是如何变得能写会道的？最近，需要我独立写作的情况亦有增多，不断摸索"如何更加轻松地写作"成为我全新的生活常态。

有关"写作让人感到费劲"的原因，正如上图五点所示。若能将这五个症结逐个击破，必能水到渠成地实现"写作真开心啊"的华丽转变。

第1章我们要克服"无法动笔"的问题。"巧妇难为无米之炊"，脑中不存写作材料，更何论动笔写作？同时，又该通过什么方式去寻找材料？为何会有"搜刮"不出材料的情况出现？这一章正是用来解答如上疑惑的。

第2章则是要克服"难以传达"的问题。文章是写出来了，可为什么就是无法将中心思想传达给读者？而且到头来还要被评价"你写的文章很难懂啊……"，针对这类人群，我将传授独家技巧"怎样把文章写得更加通俗易懂"。

第3章是要克服"鲜有读者"的问题，这里讲述的内容就要更上一层楼了。通俗易懂的文字是有了，但没人读的话便毫无意义。本章将讲述该如何才能让你的作品被尽可能多的人阅读。

第4章是要克服"枯燥无聊"的问题。作品被审读之后却收获一句"挺无聊的"，换作谁都会难过吧？待我向诸位介绍多种提升文字魅力的方式，从而让读者持续品读、爱不释手。

第5章是要克服"疏于坚持"的问题。心血来潮能产出作品，若无法坚持则功力半减。我将提供若干小贴士，助你形成持续写作的好习惯。本人向来认为发推文是提高文章水平的有效方式，因此这一章也主要围绕社交推文展开讲解，想必能为苦于不熟社交平台用法的朋友提供帮助。

最后一章，第6章作为本书的压轴环节，我将再度重申"写作"本身所具备的力量与优点。读完全文，或能为你带来"写作真开心啊"的感受。

"写作"的魔力人人皆可掌握，效果无比显著

提高写作技巧，还能有效提升你的工作质量。邮件行文若能简练易懂，沟通将变得流畅快速，问题亦大幅减少，公司内部和外界对你的评价必然会有所提升；要是你从事的是营销或推广行业，"爆款文"岂不是顺手拈来？而身为企业经营者，写作技巧显然有助于更好地传达想法和观点，手下员工的工作积极性随之高涨，优秀人才收入囊中亦不过是时间问题。

而且，"写作"还拥有改变人生的力量。

至少本人在过往很长一段时间内，都曾觉得"写文章真费劲啊"。虽身为图书编辑而被迫舞文弄墨，可就内心想法而言，终究不相信自己是那种会主动写作的人。而当意识到自己无法动笔的真正原因后，我在逐个克服自身缺点的过程之中，渐渐地也能够用文字去表达观点，甚至用推特和Note[1]等网络工具去"为爱发电"。

---

1. Note，一个博客平台。

我的人生随之巨变。原先粉丝不到5000人的推特账号，经营半年后突破1万大关，这也是鼓舞我开启独立写作生涯的重要里程碑。而在Note平台，我也开启了以编辑角度撰写的《文章写作法》《如何建立企业》等个人专栏。许多网友都来阅读我的作品，目前累计已有150多万浏览量。

笔耕不辍之下，我竟然得到了意想不到的收获。

除了出版界，也逐渐有网络和广告界人士联系我，咨询"不知能否请您写写这个？""这个策划您意下如何？"等等。我坚信写作是力量无穷的武器；而写作的价值，将来亦会愈发突显。由此，我还成立了一家以"用语言传递思考"为宗旨的公司。

"写作"能改变每日的工作内容乃至改变人生，的确是人人皆可掌握而又效果显著的"魔法"。希望手捧此书的你，也能克服"写文章费劲"的困境，真切地感受到写作的惊人力量。

2020年7月

竹村俊助

目 录
CONTENTS

第 1 章
成为写作高手第 1 步
突破"无法动笔"的困境

不必强行去写"和自己有关的事情" /003

动笔之前先要取材 /008

要有搜寻材料的意识 /010

如水库蓄水般记笔记 /016

打磨"聆听"的技术 /020

不要一开始就追求"完美" /025

先将素材搁置片刻 /030

别让自我意识阻止你迈出最后一步 /033

第 1 章总结：这样做，就不会困扰于写作素材了 /038

章节小专栏 1：一切都从"策划"开始 /039

第2章

成为写作高手第2步
突破"难以传达"的困境

"通俗易懂的文章"之唯一先决条件 /045

句子越短越好 /049

别把文章写得跟学术论文似的 /054

能删则删 /057

"看得懂"即是正义 /067

考虑读者拥有多少"知识储备"？ /071

结论放在开头说 /074

文章一定要具备重心 /078

第2章总结：文章这样写，才能传情达意 /082

章节小专栏2：让取材和写作变得更为便捷的7款工具 /084

第3章

成为写作高手第3步
突破"鲜有读者"的困境

先不要设定太高的心理预期 /089

"想写的"和"想看的"是两回事 /093

该怎样确定目标受众？ /099

好作者也得是个好编辑 /103

要将自己才会写的内容，表达得人人皆可读懂 /108

将内容建立在吸引读者的"热点"上 /112

好文章是献给读者的"情书" /114

第3章总结：这样做，能让大家来读你的文章 /117

章节小专栏3：文章写得好，委托与谈判能力也会提升 /118

第4章
成为写作高手第4步
突破"枯燥无聊"的困境

单纯的信息毫无价值 /125

有趣的文章都是"8成共鸣、2成发现" /129

好文章里有"副歌"部分 /137

固有名词能让文章魅力倍增 /142

让文章提升档次的若干技巧 /151

成为比喻的高手 /155

有时调整顺序便能让文章改头换面 /160

何种标题，能在0.2秒内吸引读者？ /167

第4章总结：这样做，文章便会趣味横生 /173

章节小专栏4：严禁滥用！如何写出一篇"洗脑文"？ /174

第 5 章
成为写作高手第 5 步
突破"疏于坚持"的困境

站在岸上学不会游泳 /181

粉丝是最强的编辑 /186

社交平台的诸多优点 /190

描绘"愿景"并发送 /194

推文若像有趣的杂志,会迅速"吸粉" /198

撰写值得信赖的个人资料 /202

第 5 章总结:这样做,能将写作化为习惯 /206

章节小专栏 5:集中精力写作的 10 招必胜法 /207

第 6 章
只要能写,人生即改变

当今时代对写作高手极为有利 /215

在多样化时代中突出自身优势的重要性 /219

让他人了解自己,工作亦随之而来 /222

写作是最好的副业 /225

第 6 章总结:这样做,写作会变得快乐 /231

章节小专栏 6:如果你是经营者(宣传者),可以试着写这些 /232

后记:用文字打动世界 /237

第1章

成为写作高手第1步 突破"无法动笔"的困境

不必强行去写"和自己有关的事情"

说自己"没材料可写"并烦恼不已的人,实在是多到无法计数。

"我知道输出很重要,但没东西可写的话你让我怎么输出?"
"倒是挺想每天都写点文章的,问题是该写什么?"
……

很多人都在经历着诸如以上的种种困扰。

自言"没材料可写"的人其实都有共通之处,那就是他们都想把"自己的事情"给写出来。那么头脑里"没货"可不行!这种想法时常萦绕在他们的脑海中。然而,就算大脑内"空无一物",也并不妨碍我们发声。不要试图靠自己贫瘠的"土壤"去孕育话题,首先应从其他人身上下手,能将那些身边的事物准确表达出来就不错了。

在序言里我曾经提过，我们的内心原本就空无一物。这个话题听起来颇有些哲学意味："自己"的概念，是通过"他人"的存在构建而成的。例如做自我介绍时，我们会习惯性地说："我来自某地，在某公司工作，居住在某个街道……"

这时无论是出生地、公司或是居住的街道，皆非"自己"，而是"他人"口中的一个概念罢了。换言之，你越是想描述自己的事情，越会往第三者的讨论角度靠拢；唯有通过他人的表达，"自己"的形象轮廓才会变得更加鲜明。

拒绝做"内容生产者"，而应成为"媒体"

我经常会把从别处听到的逸闻搬到纸面上。

我曾写过一条推文："好心情，换句话说就是无上宝物。"草草几字却在推特火了——而这不过是我从基督教的修女那里听到的内容而已；因自律研究而闻名的顺天堂大学教授小林弘幸先生也曾说过："人类对事物忍耐的限度，是早已决定的。"听了这句话后的我不由得大呼"原来如此！"遂编辑新推文并发表，同样也热门了一阵。

将自己的事情表达出来颇为不易，但把身边发生的点点滴滴、那些撩动心弦的瞬间记录下来，也不失为好办法。

母亲讲述的轶事若是有趣，试着写成文章如何？在职场中遭遇的奇人怪事，表现在文章里想必也不会太差；在阅读中领会的工作技巧、从任何渠道中搜集到的故事，没有不能写的。总之切勿操之过急，慢慢输出就好。人活在世上，每时每刻都会受到任意形式的刺激，快将这些刺激明明白白地写出来！

简而言之，人皆为"媒体"，在这个时候强求自己做"内容生产者"难免不太合适。迟迟无法下笔之际，我们的目光更应投向"外部"，而非凝视"内在"。

而提起"只要去写别人的事情就好了"，总会传出忧虑的声音："这样做不就等同于剽窃别人的内容吗？"这种担心属实不必。当然，生搬硬凑地挪用别人的话语，这种行为不应鼓励；但只要明白"这些都是听到的故事"就万事大吉了。当今时代的资讯和内容早已过剩，真想去发表些"闻所未闻的内容"，无疑难于登天。相比"说了什么"，我们更应关注"这是谁说的？"即，信息唯有通过独一无二的"你"发散出去，才会产生意义。

"信息经历了何种筛选过滤？""经何人之口相传？""你对这些信息有何感想？"如此种种，方为写作第一要务。

人生若是一本杂志，那你就是"人生的编辑"

我的身体里并没有那种"强烈地想要传达出去的信息"，尤其对于这个世界，更无甚可诉说之物。当然也有过"只要保持和平就好了!""大家都能相亲相爱,一起发财就好了!"的念头,但绝不至于鼓舞我跑到街头高声宣扬"让世界变得和平!"或在博客里言辞激烈地输出观点。

大多数人其实都差不多吧?"虽然有表达想法的欲望,但好像又不是特别值得一提。"但我却特别热衷于传递这种信息:"世界上居然存在这么有趣的人!""惊天大发现!""这个情报很有用!"之类。

针对"无法动笔"的朋友,我更推荐他们主动将"作家思维"转变为"编辑思维"。身为作家,若是心中不存欲要诉求之物,很大概率会写得磕磕绊绊;但做编辑就轻松多了,只需要考虑"这些内容是要写给谁看的"。人生若是一本杂志,那大家都将成为自己人生的"编辑",只消寻找那些趣味横生的、大有裨益的材料,再作集中整理即可。

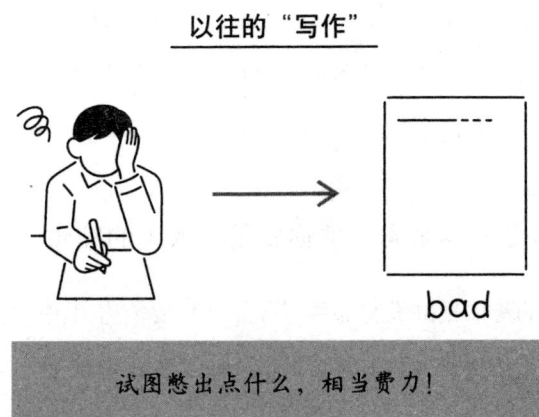

以往的"写作"

试图憋出点什么,相当费力!

今后的"写作"

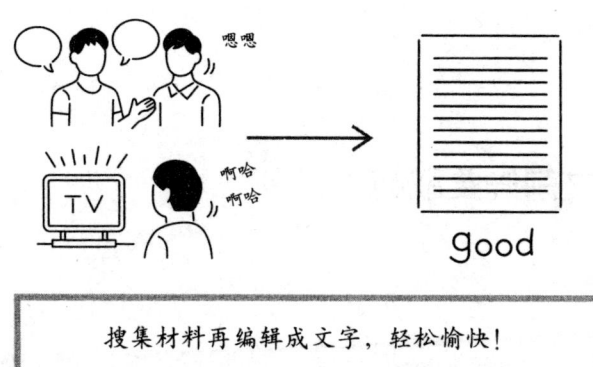

搜集材料再编辑成文字,轻松愉快!

因为日常"撰写"报道或书籍,所以难免会被问及"您是作家吗?"但就个人感官而言,我确信自己的灵魂应该更近似于"编辑"。说到底,若不是从某个人身上获取素材,又缺少动笔的话题与可靠的草稿,那我肯定什么都写不出来。与受访对象频繁交谈后得到写作灵感相比,完全从零起步、自力更生地产出内容并不实际。从头到尾,我不过是在重复着"编辑"素材的工序,要是让我去蹭个"作家"的名号,那着实颇不自在。

身为编辑而非作家,保持"编辑"而非"写作"的心态,请用这种方式写写看。

动笔之前先要取材

动笔之时，有必要提前"取材"。就跟"无食材就捏不成寿司"是一个道理，没有内容必然写不成文章。若不取材，即便血脉贲张地大呼"那就开工吧！"，也还是写不出来。道理相当浅显易懂，但许多人正止步于此。面朝白纸哀叹之前，先别急，确认一下"做好取材工作了吗？""有素材可用吗？"

另外总有些朋友会特别纠结"怎么写比较好呢？"更有甚者想的是"该使用何种表达？""字句怎样才能变得优美？"与其在这些事情上浪费时间，还不如花心思考虑要写什么题材。味如嚼蜡的故事，文字写得再漂亮又会有多少人去看？无聊的文字终究归于无聊。

措辞优美的文章或许轻松易读，却往往转瞬即逝，无法在读者的脑海中留下丝毫痕迹。语文蹩脚些无妨，语法出错了也不打紧，有趣的内容必然会直击人心。趣味横生的文章想必不会差。反过来说，枯燥的素材只会打造出乏味的故事，道理无非如是。

诚然，在实践中我们能找到许多方法，只需改变写作风格就能使文章变得有趣——但那说到底是绝境中的下下之策，素材选得不好，怎能指望写出好文章？因此，我们必须在取材环节下功夫。

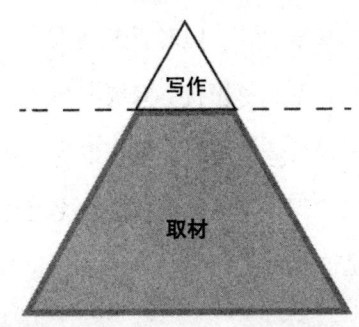

没有素材便写不成文章

"写作"的根基是"取材"！

要有搜寻材料的意识

虽美其名曰为"取材",但对于普通人而言,绝无必要像记者那样随身携带录音笔和摄影机。只要心怀"这就是取材啊"的意识就足够了。来设想一个场景。现在你步入某家拉面店,脑海中没有任何取材的意识,草草地把拉面吃完就打道回府了。那么写出来的东西会是这样的:

"今天我吃了拉面。很好吃。"

当然了,寥寥几个字若用作备忘录或者私人日记,还算差强人意;但指望让别人有兴趣去阅读,我想还是不太现实的——此时你就需要发动搜寻材料的意识了。当预设好"现在进入取材状态"的立场并进入拉面店后，你就会发现许多之前并未察觉到的情景。如此一来：

"那真是一碗相当美味的拉面啊！唯独令我万分在意的，就是店主在端上拉面时，手指居然泡在面汤里。"

或者：

"拉面店的墙壁上赫然贴着'人生即浓汤'的格言。这些店就这么喜欢名言警句吗？我只是想好好吃碗拉面而已。动辄将人生道理灌输给食客的店，的确让人有点不爽。"

像这样，别具一格的文章就出炉了。

若"寻找素材意识"足够敏锐，在选择去哪家拉面店时，也会变得更讲究。连锁拉面店之流，肯定是看不上的，一定得是那种挤在商业街外围、偏僻角落里的拉面小店，而且整天没几个客人，老板百无聊赖地翻读报纸。要是能鼓起勇气踏入这种店铺，恭喜你，你来到了素材的宝库。至于"莫名其妙地被叫去帮忙""吃了闭门羹"这种，更是可遇不可求的优秀材料。

对事物敏感者，是进行取材的最佳人选

"对事物敏感的人""神经质的人""一举一动充满违和感的人"，恰恰最具有搜集材料的才能。反过来说，无论吃什么或做什么都了无感想、对这个世界毫无感情的话，想要寻找材料的话就难得要命了。锱铢必较、轻易动怒，或是过分拘泥细节的人，可能在生活中过得并不自在；而若能够将这些内容有效输出，那都将成为相当不得了的素材。

另外，及时捕捉那些在脑中闪现的灵感，逐一整理，也同样重要。举个例子，我们去参观凡·高作品展。一进展厅，马上就会有"序言"那样冗长的文字映入眼帘，介绍凡·高出生于哪年啊，是如何获得财团支持的啊，这般那般云云。现场大约有20个人，就这样围着"序言"仔细阅读。

看到这里大家可能会想："看这些有什么意义吗？"我们不难理解众人围着绘画作品欣赏的行为，但文章只要印刷到纸张上派发，人手一张品读；或者投到网站上在线阅览不就行了吗？甚至还可以通过音频和视频载体播放，怎么鼓捣都行。即便如此，却还是要挤破头凑上去一睹"序言"真容。当然，不排除"在现场阅读会更有氛围感"的想法在作祟，但估计也有人是本着"难得门票都买了，不看得细致些岂不很亏"的心态来的。

这个瞬间涌现出的"有什么意义"的思考，请务必用笔记等

方式好好地保留下来。当你感到哪里不太对劲，却又毫不质疑地全盘照收，那素材就会转变为默认的"常识"，最终连"搜寻材料的意识"也会消失无踪。

小山薰堂[1]先生正是如此。他将日常生活中认为"这里，这样做应该会更好"的事物全部记住，当要产出些什么作品时，再把它拿出来用。哪怕是"这样会更好"之类的普通使用者的感受，也请务必不要忘记。把这些灵光一现的想法撰写出来，便是极好的文章素材。若恰好有人与你同感，素材甚至还能得到更多改良和提升，如此一来，每天就能过得十分有趣。

将消极情绪"升华"为素材

常言道：要永远积极向前，切勿心怀消极情绪。这话虽然没什么问题，但生而为人，总会有沮丧低沉的时刻。愤怒、悲伤或嫉妒等等，都是必然存在的真实情绪。其实消极情绪拥有惊人的能量，若能正确合理地加以使用，将所向披靡——做法就是将消极情绪转换为积极情绪。

---

[1] 小山薰堂是奥斯卡金像奖获奖影片《入殓师》的编剧，吉祥物"熊本熊"的创作者，被誉为"熊本熊之父"。

将消极情绪转换为积极情绪

当自己愤怒、悲伤时,确实会很想在推文里写些什么。不过,要是不作任何加工地让粗粝的语句倾泻而出,换作是别人,就算看到了也不敢点赞吧?更坏的情况甚至会认为你是个"轻易动怒的人""精神不稳定的人",全都是些负面的印象,想涨粉几乎不可能了。而那些情绪同样消极的人会迅速贴附过来,留下大量的垃圾评论。

人是不会在消极的发言上浪费时间和金钱的。

此时就要学会如何将消极转化为积极，而遇到厌恶的家伙，当反面教材引以为戒便可。若摊上一个处处使人不痛快的上司，千万别说"有个扫兴的上司真是烦死了！"而是改变措辞："气氛愉快的职场环境更有利于工作呢！"就会好得多。消极情绪是重要的力量，憋在心里未免太浪费了。听我的，把它转换成积极内容表达出来就可以了。

这样一来，表面上你也没有讲什么消极的东西，并且更容易获得读者的同感。一些人浏览这条推文，或许还会意识到"他肯定被一个恶心人的家伙缠上了吧"，但绝不会因此而感到不快。

看完新闻之后怒火中烧的话，先把这份愤气放一晚再讲；就算当下很生气也先别管它，等到你能将这份愤怒转换为积极的表达后，再说出来也不迟。由消极层面诞生的内容，成为好题材的概率往往很高，因为它发自"真心"，而真心话中永远饱含力量。试图在无情无感中造梗，文章终究浮于表面难以深入。而源自消极感情、本就蕴藏力量的题材，由其转换而成的积极内容依旧是备受欢迎的。消极是一大良机。老老实实地将事件白描出来，那是新手操作；而将其"升华"后转换为有价值的内容，那才叫"上道"。

如水库蓄水般记笔记

每当找到了素材,就应该马上做笔记。我经常使用"Google Keep"这款手机应用。虽说功能特别简洁,但它的优势在于能够在智能手机和电脑上多设备同步。至于素材的大小和长度,无所谓,体量多少都行。比如说"这家咖啡店用的水肯定是自来水""把MacBook放在寒冷的房间里就会冻得不行"之类,即便不太能成为可用素材的内容,也可以照写不误。总之要记住,记录和储备是第一位的,许多有趣的素材都源自积少成多。

像我的话,如果到手了某些小素材,是不会急于输出和表达的。偶尔遇到些特别有意思的梗,可能会忍不住马上写条推文发一发;要是不算太有趣的话就先放放。若急于把那些无关痛痒的素材放出来,就会缺乏应有的气势,读者的读后感顶多是一句

"哦，是啊"就结束了——更多情况是直接略过不看了。

来想象一下水库吧。

水库里面没蓄多少水就打开水闸的话，流出的水量能有多少呢？而积蓄量达到一定程度后，放出来的气势就非同寻常了，文章给人的印象大致相同。想用涓涓细流来水力发电，电力不足以出现。相反，先韬光养晦地积累足量存水后再一口气地将其流出，爆发的能量将是空前的。

切勿过早地披露搜集而来的素材。只要放置一段时间，这些素材就会以意想不到的形式生长并成熟。把你在便利店内所想到的，与报纸上读到的文本、电视中听到的逸闻相结合后，或许就能成为一条有效的素材。由此要格外注重对输出行为的抑制，将持续输入的状态维持较长时间为宜；而且也要注重将随意输出的内容作收集整理。积累量足够多时，只需一口气放出，就是一条具有影响力的素材。

不运动也不吃饭，是拉不出"粑粑"的

说起"写作"，总会让人误以为就是面对电脑或者智能手机一个劲儿地敲打文字的差事。但正如上文所提到的，在此之前是有"输入"这个过程的。不动身出门走走就想写出有趣的东西来？哲学家还算勉强可以，普通人应该是不大可能的。怀着"取材思维"

在街上走走逛逛、随便和某个人聊聊天等等，像这样动真格地活动起来，文章才能水到渠成。

写不出东西来而苦恼万分，其实和"便秘"差不多。既不吃饭也不做运动，哪怕坐在马桶上念叨半天，出不来的还是出不来；要是能出门去大吃一顿，把身子活动起来，没事儿多喝水，每日都保持愉快的心情，想必排便自然能顺畅不少（当然了，便秘肯定不是这么简单就能解决的……这只是个不太恰当的比喻，还望各位见谅）。

积累输入，方能输出

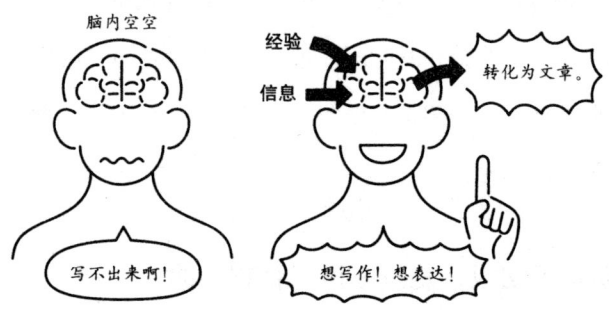

不做输入，便不会有输出，就算在厕所里喊破天也没用。作家千田琢哉出版了多本商业书籍，他还是一名实力超强的读书爱好者。爱书如命的他，至今已读过海量的历史书籍和各类传记。

大量输入才能大量输出的道理，诚不欺我。大概堀江贵文[1]先生也是差不多的吧？那样每个月都出书的能人，除了花费是凡人数倍的时间去进行巨量材料输入以外，想必没有第二种途径。

---

[1] 堀江贵文是日本知名门户网站"Livedoor"的前总经理。因外形酷似哆啦A梦，而被戏称为"堀江A梦"。

打磨"聆听"的技术

文章的出品质量与素材的质量是成正比的,材料找得好,文章自然好。然而偏偏就是这么显而易见的道理,现在连很多吃写作这碗饭的人都没搞明白。火急火燎地取材完毕,在撰写阶段牵强附会地试图把文章写得有意思些,这有可能吗?唯有在找素材的时候,能产生"啊啊啊,这个真的有意思!""这个绝对要让大家知道!"的情绪,写出来的文章才有可能值得一读。在琢磨"要写什么"之前,应该先花大力气去搞明白"要听什么"。自己想从眼前这个人身上获得什么内容?鉴于取材会极大地左右文章的最终质量,在这个环节就该打起十二分精神来。

让取材过程变得轻松愉悦的三大诀窍

为了让自己在取材时不至于太无聊,我曾经做过几种尝试,第一种就是"探讨人生模式"。既然是探讨人生嘛，那即便交谈的内容和取材主题毫不相干也无所谓。要是你的主题定为"创新发明"，那不妨聊聊"出来单干的第一年，你打算怎样赚钱？有什么具体想法吗？"于是对方状态渐入佳境，面对"如果从事这份工作会怎么样"的问题，也会回答得相对认真一些。从结果来看，无论聊得多么天马行空，最终总能回到设定的取材主题上。

早前我有幸采访RIZAP公司[1]的濑户健社长。由于新冠疫情影响，日本国内的经济形势有所下滑，我便单刀直入地问道："现在的经营环境应该不太理想吧？连我自己在这个时期都会有些心情低落，您认为该怎样去应对这种情况？"对方遂回答："世间万物总是总有起伏，某处有凹陷，某处亦必有高腾；影子也永远藏匿在光明的背后。请务必去主动捕捉积极的一面！"听闻此言，感动不已。

第二种方式则是"询问对时事新闻的看法"。我在采访担任ZOZO品牌[2]宣传一职的田端信太郎时，恰逢"吉本兴业内斗事件"[3]

---

1. RIZAP是日本第一私人健康馆，会员数达3000人以上，主要以塑身、减肥、美体服务为主。
2. ZOZO是日本著名时尚购物平台，集时尚购物、穿搭、资讯于一身。
3. 吉本兴业是日本的大型艺人经纪公司、电视节目制作公司，拥有超过百年的历史。2019年，旗下艺人被揭露未经公司同意私自接下表演工作，并牵涉到诈骗集团，11名相关艺人因此被暂停工作。

传得满城风雨。所以在访谈的开头，我就多提了一嘴："您对于吉本社长召开的见面会有何看法？"对方突然聊兴大发："你可算问对人了！"结果最后像"公司究竟是什么"这个原定于采访大纲上的内容，也能兜兜转转地联系起来了。

至于为什么要去问田端先生对于吉本兴业见面会的看法，与其说是因为采访，倒不如说是出自我个人的好奇心。这种问题不仅能够打开话匣子，而且每当论及人生探讨或时事评论这类题材时，对方往往会变得更加真诚，采访自然变成一桩乐事。

有些同行心思缜密得很，往往会提前列出采访流程，按部就班地进行提问。不过，若是以"好，那我们进行下一个提问"的心态去推进采访的话，对方的回答也会变得相当无趣，更别提炒热气氛了。采访现场的对话氛围相当重要！只管随机应变即可。

最后一种，是在提问时加入"换作是我，就会这样想……"的话术。

好比要采访某家老字号的经营者时，我曾这么问："由于我是一个人出来单干，所以很多事情都能自己定夺。但我要是成了某家传统企业的第几代掌门人，那压力得有多大啊！我想知道，继承了历史如此悠久的事业，您的感受如何？"

在提问中夹杂"要是我的话会这么想……"或者"我若站在你的立场……"这类要素是很关键的。这种问法妙就妙在，无论对于采访者还是受访者而言，本质上讲的都是"自己的事情"。如此一来，对方就会有更大概率向你敞开心扉畅所欲言。与其说是取材，我更愿意将这个过程称之为"向自己感兴趣的人了解情况"。保持这份弥足珍贵的提问欲望乃重中之重！摒弃"要写些什么"的心血来潮，而是脚踏实地地从"要问谁什么问题"开始吧。

万能提问："那是什么时候的事？"

再让我来介绍一种聆听他人叙述的技巧吧。说来也简单，那就是问及对方"过去、现在、将来"的种种。想写奶奶的故事？那就该与奶奶唠嗑："奶奶，您经历了怎样的人生？"哪怕是问公司社长相同的问题，类似于"您是如何一路走来的"，说不定能捕捉到极为生猛的逸闻。如果进展顺利，话题在不知不觉中就会走向"您现在在从事什么呢？""这份工作如何？"这些纯粹的目前境况。但可以肯定的是，谈论过往故事必然易于炒热气氛。再乘胜追击！"您接下来有何打算？""您的梦想是什么？"等与未来相关的内容，甚至有可能打听到令人意外的信息。另外，"那是什么时候的事"能够有效地提升对话深度。好比这种情况：

"我挺喜欢爬山的。"

"那是什么时候的事？"

"我从小就喜欢。家父可是登山专家呢！"

"我阅读量特别大。"

"哎，您是什么时候开始有这兴趣的？"

"大概是小学那会儿吧……大家都在玩躲避球，就我一个人在一旁看书。"

"哎呀，我也差不多。"

"那是什么时候的事"属于魔法般的语句。它不仅能自然地引出过往的故事，而且有极大可能搜集到更有吸引力的故事，窥探到访谈对象的深刻本质。

不要一开始就追求"完美"

素材有了，想写的东西也齐了，可怎么就是动不了笔呢？如果我没猜错的话啊，这些人或许试图写出"完美的文章"。这里必须指出，身为新手却能下笔如有神、文采斐然……这种事情几近不可能。大多数人其实是在产出了"狗屁不通的文段"后，经过精雕细琢和反复调整才最终完稿的。就算是村上春树先生，也会频繁多次地重写、打磨自己的作品。

修改要来上多少次？就算你这么问我，我也给不出精确的答案。在初稿阶段就修改过无数次，交付出版社排出校样后，还会一次又一次地索要校样，惹得人家心烦。将校样改得黑黢黢一片寄回去，然后把新送来的校样又改成黑黢黢一片，如此反反复复。

（选自村上春树《我的职业是小说家》）

在初始阶段，要提防过度思考的倾向。先写为上，多写，写得多么杂乱无章都行，只需把想表达的东西全部列在纸面上。写这本书的时候，我也是在和编辑不断闲谈的过程中搜集"素材"的——总之先准备好海量的素材吧，随后再在这个基础上削去不必要的部分，最终的"轮廓"也会变得清晰起来。

我时不时会在撰写的过程中因考虑太多而停下笔来。"这里会不会说得不够清楚？""这里写的东西会不会和上文矛盾？"……内心极度向往"严丝合缝"的文字逻辑，笔尖亦戛然而止。

不过，漏洞百出的开端又何妨？产生矛盾也绝非罪不可赦。这一切都可通过二次修改得以纠正，最重要的是持续地书写输出！行文即便做不到彻底"密不透风"，读者也会在脑内对缺失的部分作自动补充。请务必对读者的想象力抱有足够的信心！

如编织般书写

易受挫折的写法	令人愉悦的写法
费劲	
想写出"严丝合缝"的文章几乎不可能	只要有"轮廓"就不会感到受挫

在想象层面，我们可以试试如"涂油漆"般写作。简单而言就是先一鼓作气地从头写到尾，然后再回到开头重新逐字逐句审视修改，"涂油漆"式地贯彻始终。这种手法有利于作者从整体角度把握脉络，创作热情便不会过早消退。而无法推动文章继续往下写的人，往往不得"涂油漆"之要领，而是织毛衣似的，白手起家、从零开始一句一句地写。效率极低姑且不论，对何时才能完稿的不确定性，必会让作者在中途产生极大的挫败感。

使用语音输入有何不可？

也有人会建议："要是无法动笔，那就像说话一样去写就行了啊！"说得轻巧，但换作我自己来操作，就会发现想像说话那样写作实在是难得过分。恐怕提得出这种建议的人，本就是相当能说会道的吧？理论完美又通俗易懂的文章只消须臾就会自动浮现在他们的脑海中，剩下的工作不过就是照着抄在面前的稿纸上而已？据说以前的政治家口才都不差，接受记者采访时若被要求"希望您能做400字左右的评论"，电话那端就立刻毫不迟疑地开始分析，最后不多不少恰好讲够400字。我真心认为那是种特殊能力！因此，就算对我讲什么"要像说话一样去写作"，也只能苦笑："要是能做到，我还用得着在这儿烦恼么……"

但还是得承认，相比"要像说话一样去写作"之艰巨，大多数人在"说话"这方面应该没什么问题。像我就会经常采取这种方法：先用录音笔将那些细碎的话语录下来，随后再转化成文字，最终作为文章素材的储备进行保存。不必多想，只管把那些要讲的、随性而发的内容一股脑地灌进录音笔里就行；没录音笔的朋友试试手机的录音功能，凑合也能用。总之就是先记录声音！

这时值得关注的就不是话语说得漂不漂亮的问题了，而是自己究竟是否精确地说出想表达的东西？是否有中心思想？重要的部分有没有说漏？录音过程中若切实地记录下中心思想，那这段音频就可说是成功的。又过几天，该开工把文字生产出来了！未经处理的录音自然是零碎至极，但也先别管那么多，推进整理工作便是。文字的碎片逐渐呈现于眼前，再慢慢地切分、粘贴各个段落，最终糅合为完整的文章。

举个例子，假设我是这样语音输入的：

啊……那会儿我可不懂这么多啊，毕竟刚进公司才3年左右。应该就是从那时开始，我才开始觉得工作挺有趣的。摸爬滚打了3年，哪些商品卖得出去、哪些不好卖，看看顾客的表情就心知肚明了。结果，我的工作反而变得蛮轻松的。

让我们将这段独白的中心思想抽丝剥茧，就能得到：

3年工作经历使我的心态变得游刃有余。只需察言观色，便能顺利地接待客人；对哪些商品好卖、哪些不好卖也清楚得很，工作变得乐趣无穷。

这种操作方式看似绕了一大圈，但从精神上来说是没有什么负担的。在空白的稿纸上逐字逐句地填满，颇为费工夫；而用语音输入后再整理成文字的方法，首先就证明了我是有素材可用的，编辑它们可要比从零起步轻松得多。

如今像Google Document、语音文字输入之类，能自动将声音转换为文字的工具多不胜数，其精准度也是日趋完善。通过这种工具来开展工作，未尝不可。这时就有人大喊："文章就该是写出来的，靠语音输入的邪道算什么本事？"诚然，我们绝非要否定一步一个脚印的努力，对着纸张或电脑产出文字无甚不可，哪怕连我自己也会经常抽时间去逐行撰写；但对于那些在这方面有畏难情绪的朋友而言，尝试新方法是完全可以的，无须上纲上线。最重要的是达到最终目的——若目的就是"将信息传达给他人"，那使用何种手段实现目的并不重要。写作世界中没有所谓的金科玉律，请找寻属于自己的"写作风格"吧。

先将素材搁置片刻

做笔记、取材和语音输入后得到了大量的素材。从现在开始，先搁置一段时间吧，因为素材是需要"成熟"的。具体来说，我们又该如何理解"成熟"的概念？其一，便是"成熟"能够使素材更为"充实"。假设有如下笔记：

许多人都"不愿被责骂"。

这几个字用一条推文就能发完，并且肯定激不起任何水花。我们要做的，就是将这简短的内容进行扩充。扩充的过程中，这4个关键句能起到提示作用："换言之？""比如说？""所以呢？""本质上讲？"

"换言之？"是抽象化表达，"比如说？"则是具象化描述，"所以呢？"能够推动思考，"本质上讲？"用以探寻思考问题的本质。试着用这4个关键句来问问自己如何？

　　许多人都"不愿被责骂"。
　　"换言之？"→人类容易受恐惧感所支配。
　　"比如说？"→没有向上司报告工作中犯下的失误。
　　"所以呢？"→如果报告了的话，绝对会被骂一通。
　　"本质上讲？"→"动怒"这种行为不利于工作开展。

　　从多个角度剖析和解读同一条素材，可用内容就会指数级扩张。

打印到白纸上，到咖啡店待着去

　　"成熟"的第二种途径就是"整理素材"。若坐拥大把素材却什么都憋不出来，大概率是因为你的思路还没捋顺。在写作之前，"思考"绝对是不可或缺的环节，但偏偏许多人忽视之；一边思考一边写作，能写得下去就见鬼了。把"思考时间"和"写作时间"给独立出来，尤为关键！

　　我凑够了写作要用的素材之后，通常会打印出来，然后到咖啡店里待个一小时。为确保能够潜下心来，认真地对待这些素材，我是不会带手机和电脑出门的。一边瞟着文字，一边思考"我最想说的究竟是什么？""按这个顺序写的话读者会比较容易理解吧？"最后将全部资料整理成型。不少人习惯紧盯着手机或电脑屏幕思考；但电子设备的缺点就在于容易使人分心，不自觉地就"刷"社交软件去了。所以我最推荐将素材打印到纸上带走的做法！等到自己的思绪整理得七七八八，再转移到电子设备上，将思绪写出来即可。学会怎样自如地在纸稿和电子稿上切换文字工作，相当紧要。

别让自我意识阻止你迈出最后一步

素材搜集完毕，思绪条理分明。即便如此还是写不出任何东西的话，从中作梗的或许就是"自我意识"。"写这些东西，别人会怎么想啊……""要是被网民猛烈批评该怎么办？"朋友，朝思暮想这些东西，很难不自缚手脚啊。至于应对方法倒也纯粹，就是要清楚地认识到"我无法动笔只是自我意识在作祟"，然后鼓起勇气"好了好了，赶紧开写！"除此以外别无他法。你只有把东西写出来拿给别人看，才会发生后面的故事。"嗯？出乎意料地还蛮受欢迎的？""哎呀，没人会想看吧……"诸如此类，都是作品诞生的后话了。明明还有写作任务在身，还没开始动笔就在那里絮絮叨叨的，时间有那么不值钱吗？

若对自己期待过高，往往会写不下去

绝世名篇倏然显现于脑海中，灵光乍现就能一气呵成地完成文稿——这绝对是极为少数的人杰才能做到的事；对于平凡的我们来说，作品质量之低劣，往往让人绝望得想要以头抢地。但现在不是绝望的时候！下面就是写作成功的关键了。不断揉捏塑造脑海中那块"黏土"，雏形逐渐显现；没错，就像这样！细水长流地修整成像样的文章，即会大功告成。人之所以会对自己的文章沮丧万分，无非是树立了极为远大的写作目标，而这并不是一件坏事。为了能尽可能接近自己的理想，请片刻不要停歇地尝试和努力奋斗！毕竟，尝试本身就是极有意义的。

盛装打扮后难免露馅

"我不想让别人觉得我文章写得很烂！"

"要是文章写得不够完美严谨，那就太丢人了！"

这种心情我实在太懂了。即便是我，也每天在与这种情绪做斗争。但后果是显而易见的：就算装腔作势地强行把文章写出来，内心的声音也肯定会暴露在许多人面前。人类的感官可要比想象中更加敏锐，眼前的文字无论有多么"浓妆艳抹"，终究难逃其法眼:"啊……这人写倒是这么写的,至于是不是真这么想的就不好说了。""会用这种表现手法,肯定是在其他地方有所顾虑吧。"等等,读者多多少少总能嗅探出不对劲的地方。如果盛装打扮总是露馅,还不如一开始就别费心机,不是吗?

这部电影要是不能称为杰作的话,还有什么词能配得上它呢?它绝对能成为名留电影青史的震撼巨作!

像这种文段就不要再写了,过分矫情。倒不如换个表述更有魅力:

这部电影超级棒!终场字幕都滚动完了,我依旧沉浸在惊愕之中,无法站立!

能透过文字将感情传递给读者的"鲜活文章",才是最有魅力的。

放心,成功者也有数不清的失败经历

"辛辛苦苦写了这么多,要是没人看的话怎么办?""如果一个赞都没得到该如何是好?"有些人真的会去烦恼这些事情,但就算没人点赞，也并不是令人沮丧的事情吧？因为那些反响寥寥或冷场的事物，从社会角度而言终会变成虚无，就像它从未出现过一样。失败的经历终会消逝，唯有"经验和学识"长留心中，生活不过是反复地总计和做加法而已。

千锤百炼产出的文章却无人问津，这种事情我经历过无数次；卖不动的书也是一摞接一摞。即便是金牌制作人秋元康[1]，想必也有不叫座的活动企划吧？因《你的名字。》[2]而声名大振的著名电影制片人川村元气先生，应该也有过不少冷门作品吧。进展不顺的最坏结局，顶多就是无人知晓，算不得什么大事。

大多数人只会将成功的一面展示出来。比如，会说出"那个人一手将《你的名字。》打造成热门电影"的人，绝对不会提起"那个人的××企划爆冷了。"没有必要惧怕失败，因为成功实在太显眼了，失败者也得到了某种意义上的胜利。况且这次失败了，下次成功的概率也会有所提升。

当然，普通人眼中的"社会"有时可能仅限于半径10米之内，

---

1. 秋元康是日本知名经济人、导演，最初因从事电视节目企划而踏入演艺圈，先后打造了AKB48、乃木坂46等偶像组合。
2. 《你的名字。》是由日本动画导演新海诚编剧与执导，并于2016年8月26日在日本首映的动画电影。该片上映后连霸日本数周票房冠军，并获得诸多电影奖荣誉。

所以"不想让公司同事用奇怪的目光看我""要是被周围的人看见了可就太丢脸了"种种心情完全可以理解。但是冷场崩台的尴尬终将随风而逝，成功的结果必定会为众人所知。过分执拗于失败，便会无法发出自己的声音。

在初始阶段，无论写什么都反响不佳、对此沮丧万分都是很正常的。若能坚持继续写下去，逐渐就会发觉"好像有些受欢迎了啊……"讲得极端点，明白自己"能将没人阅读的文章写到何种程度"是很重要的。先将所有烦恼抛到脑后，只管不断表达、积累失败经验。不妨换个角度想："我究竟能写出多少篇无人点赞的文章呢？有人点赞我再收手好了！"

第1章 总结：
这样做，就不会困扰于写作素材了

01

避免独自一人苦思冥想。
要从他人处听到的或自己目击的内容中进行"取材"，才能发现想要写的东西。

02

拒绝从头开始，
而是善用"语音录入"等工具来强化思路的核心，再对细节作微调。

03

抛去那些可笑的"没人看就不行""要是没人阅读的话如何是好"的自我认识。
赶紧去写啊！让冷场来得再猛烈些吧！

章节小专栏1："一切都从"策划"开始

这么多年来，我为无数作品做过策划工作。如愿达成预期者有之，亦不乏遗憾未竟的；市场表现同样有好有坏，什么情况都经历过。我总是会思考："自己究竟能策划出怎样的作品？"在这里，我打算助那些苦思冥想、不知如何策划写作内容的朋友一臂之力，提供制订策划方案的若干方法。

01 "烦恼"本身就能成为方案

诸位拥有烦恼吗？"肩膀酸痛的情况极其严重""职场的人际关系一塌糊涂""想要瘦下来"等等，有这些烦恼是吧？它们本身就能成为可用的策划案。

肩膀酸痛的情况极其严重→《一招即可彻底解决肩膀酸痛的最强伸展运动！》

职场的人际关系一塌糊涂→《改善职场氛围的聊天术！》

想要瘦下来→《既能快乐生活又能轻松瘦身的减肥法！》

举个更加极端的例子，如果你的烦恼正是"想不出策划案啊！"那么这一点也能为你提供新的策划思路——《为苦于策划的朋友量身打造的策划制订法》。"烦恼"是策划的宝库，烦恼缠身的人会成为最强的策划人！请努力找寻自己身上的烦恼吧。

02 想要"和谁"见面？打算问些"什么"？

你有特别想会一会的人吗？喜爱的艺人、演员怎么样？偶像也是可以的，创作者、漫画家等等也在此列！再问一遍，有没有想见面的人？憧憬的人？如果只是单纯地和他们见面，很遗憾，这只能算是追星族的操作，成不了像样的策划。但要是有想问他们的问题，那策划就顺势出炉了。"去问某人某个问题"的念头，其实就是方案的雏形。换作我的话可能会想到：

想询问隈研吾[1]有关人生哲学的内容。

---

1. 隈研吾是著名的日本建筑师，曾获日本、意大利、芬兰等国颁发的建筑奖项。其建筑作品散发日式和风与东方禅意，在业界被称为"隈研吾流"。

询问前 SMAP 组合[1]经纪人饭岛先生的制作之道。

这些设想若能顺利实现，名为《隈研吾的人生哲学》或者《打造 SMAP 组合的传奇经纪人的制作之道》的书估计就上架了。

03 将"愤怒"化为方案

有人生性脾气暴躁、闷闷不快。"那个人究竟怎么回事？""那样的行为绝对不能原谅！"这类人其实也能成为优秀的策划者。

"我讨厌万圣节那种吵吵嚷嚷的感觉！""真就有人会特地在 Facebook 的活动指引页面写下'我不参加活动'？令人火大！""在税务局拿到的像是确认申请的说明书一样的东西，写得也太难懂了吧？"

总会有这种使自己不免惊诧地说出"哈？"的恼人瞬间。别放任这股情绪消退！赶紧将当下的想法记下来，因为它会成为"策划"的萌芽。动怒难免耗费心神，光生气什么都不做只会化作压力，所以请进一步思考"怎样才能把它转换为策划方案呢？"

1.SMAP 是日本一支活跃于 1988 年至 2016 年期间的偶像男子组合，有"国民团体"的美誉。

我讨厌万圣节那种吵吵嚷嚷的感觉！

→《向不喜社交的你推荐120%愉悦度过万圣节的方法！》

真就有人会特地在Facebook的活动指引页面写下"我不参加活动"？令人火大！

→《100种网络奇葩行为大赏》

在税务局拿到的像是确认申请的说明书一样的东西，写得也太难懂了吧？

→《精心重写后的确认申请说明书，超级简单易懂！》

这样就会变身为全新的策划方案。

想要制作好方案，从反面角度来说更不应有"赶紧做策划"的想法。流于形式地执着于"方案、方案、方案……"，最终只能得到毫无灵魂、虚有其表的垃圾。抛弃这种思维，而应先从①寻找"烦恼"，②想清楚"去找谁问什么"，③探寻"愤怒"这三种方法下手。如此，你必能产出极富内涵的绝佳策划方案。

◆◆◆ 第 2 章 ◆◆◆

成为写作高手第 2 步
突破"难以传达"的困境

"通俗易懂的文章"之唯一先决条件

"你的文字很难懂啊!"

"总觉得艰涩难读……"

"搞不明白你想说什么。"

"能写得再易于理解一些吗?"

为了饱受批评的你,本章专门来解说"通俗易懂的文章""流畅好读的文章"究竟该怎么写。虽然很突兀,但"通俗易懂的文章"到底是什么?其定义想必众说纷纭,但我认为"阅读速度与理解速度能完美契合的文章"是最为贴切的阐释。无法即刻理解的文章,必会使读者反复重阅;另一方面,谁都知道的事却还要写得啰里啰唆,同样令人焦躁。一边阅读,一边能快速地将内容渗透到脑海之中,方可称其为"通俗易懂的文章"。

比如，让我们来看看下面这段文字。因为没想到特别合适的例子，所以就直接把国会的答辩书拿过来用了（不必过分细读）。

《劳动政策委员会条例》第3条规定，厚生劳动省应从代表劳动群众者、代表雇主者、代表公共利益者和代表残疾人者中任命劳动政策委员会各小组委员会成员、临时成员以及专家成员。

厚生劳动大臣应根据我国劳动者代表团体和经营者代表团体的意见，综合考虑其是否适合代表劳动者和经营者的利益等各种因素，任命代表劳动者的委员和代表经营者的委员；综合考虑其是否具有适合代表公共利益的经验和见识等各种因素，任命代表公共利益的委员；关于代表残疾人，大臣根据日本残疾人相关代表组织的意见，综合考虑其是否适合代表残疾人利益等各种因素，任命代表残疾人群体的委员。

看不懂在说什么对吧？

这种写法用于政治家与官僚之间的沟通，或许不成问题。作为公开性文件，措辞正确性的优先级别较之易读性更高，但这决定了它无法让普通人马上就能看懂，也正是刚才我所提到的"理解速度无法跟上阅读速度"的文章。

这段文字的主旨是"劳动政策委员会成员由厚生劳动大臣

选出",另外在此基础上补充了"成员从何种人、按何种基准选出"。按照个人的理解,我将这段文字重新整理了一遍之后,如下:

劳动政策委员会成员由厚生劳动大臣进行任命。

大臣会从①劳动群众代表 ②雇主(经营者)代表 ③公共利益领域代表 ④残疾人代表中选出委员会成员。详细内容在《劳动政策委员会条例》第3条中皆有表述。

而①~④各自的选拔基准如下:

①在听取劳动者代表团体的意见,以及综合其是否代表劳动群众利益的基础上进行考虑,最终由大臣进行选择;

②雇主(经营者)代表同上;

③在综合考虑其是否具备代表公共利益应有的经验、学识和意见的基础上进行考虑,最终由大臣选出公共利益领域代表;

④首先应听取残疾人代表团体的意见,此外再综合其是否代表残疾人群体利益的基础上进行考虑,最终由大臣进行选择。

我不是专家,因此细节部分可能会出现纰漏,但总体上应该差不离吧。我认为后者文章相比原文,在某种程度上实现了"阅读速度"和"理解速度"的相互统一。

作者是否准确把握了内容，是非常重要的一个大前提。某些时候，连作者自己，对要写的内容都一知半解，写出的文章又怎能做到通俗易懂呢？作者无法理解的内容，必然也无法做到让读者精准理解。

句子越短越好

让我们逐一来领会通俗易懂文章的写作要领。首要就是"句子越短越好"。如上文的例子：

《劳动政策委员会条例》第3条规定，厚生劳动省应从代表劳动群众者、代表雇主者、代表公共利益者和代表残疾人者中任命劳动政策委员会各小组委员会成员、临时成员以及专家成员。

这也太长了……作为一句话来说，长得有些过分。所以有必要对其进行分割，如是：

劳动政策委员会成员由厚生劳动大臣进行任命。

大臣会从①劳动群众代表②雇主（经营者）代表③公共利益领域代表④残疾人代表中选出委员会成员。详细内容在《劳动政策委员会条例》第3条中皆有表述。

就像这样，原文被分割为三句容易理解的话。
再举一个例子吧。下面的文段又如何？

穿过县界长长的隧道后便是雪国，火车在夜空下一片白茫茫之中的信号所前停了下来，一位姑娘从对面座位上站起身子把岛村座位前的玻璃窗打开，冷空气卷袭了进来。

相信我，这段文字读到一半，理解速度就会严重迟滞："等下，这在说什么啊？"

穿过县界长长的隧道，便是雪国。夜空下一片白茫茫。火车在信号所前停了下来。一位姑娘从对面座位上站起身子，把岛村座位前的玻璃窗打开。一股冷空气卷袭进来。

（选自川端康成《雪国》）

简短的句子不仅易于理解，曼妙的节奏感也使得阅读体验有所提升。至于"穿过县界长长的隧道后便是雪国……"绵延不绝无休无止，读起来含糊不清就不说了，而且极易使人疲倦。有人觉得短小的句子看起来挺幼稚的，无法彰显自己有多么博闻强识。越是想着"展示我的头脑何等聪慧""能写出这般高完成度的文章"，句子就会越发冗长。事实却正相反！越是简短精练的句子，越是易于理解，反而越有智者的观感。

一条一条慢慢说

《劳动政策委员会条例》第3条规定，厚生劳动省应从代表劳动群众者、代表雇主者、代表公共利益者和代表残疾人者中任命劳动政策委员会各小组委员会成员、临时成员以及专家成员。

这段文字非常努力地想要"一口吃成个大胖子"，力求凭借单句就把内容讲明白。但若是全盘倾出，不亚于直接将信息全部塞给读者，思维也是绝不可能跟得上的。将上文作分解后，如下：

劳动政策委员会成员由厚生劳动大臣进行任命。
详细内容在《劳动政策委员会条例》第3条中皆有表述。
委员从劳动者、经营者等群体代表中选出。

切勿试图在一句话里传达多项内容，一句话能讲明白一件事就够了，一条一条慢慢说。若是将苹果、橘子和香蕉一次性交给眼前的人，情况会变得如何？对方想必会困扰不已吧，交接过程中说不定还会掉落几个。不要这样做！逐个递给对方就好了。"来，这是苹果""好的，该橘子了"……这样做的话，对方就能全部零失误地成功接收了。

再来看一个文段：

猫是动物且为哺乳类动物的同时狗也是动物且为哺乳类动物，我只喜欢猫却不喜欢同为动物的狗。

麻烦别再这么说话了！

猫是动物，且为哺乳类动物；狗也是动物，同样为哺乳类动物。我喜欢猫！而猫和狗虽都是动物，我却不喜爱狗。

这样写不就行了吗？

直白干脆地把"A是B"这件事讲清楚是很重要的。要是想着去一口气将所有信息都倒出来，只会越听越费解。逐字逐句地说明："A是B""C也是B"，将自己代入读者的立场，自问"到这里为止的内容都看懂了吗?"从读者的角度不断确认,推进写作。这样或许就不会写出那种难以理解的糟粕了。

文章要一条一条慢慢说

别把文章写得跟学术论文似的

便于读者理解的文段,必然有着恰到好处的"浓度"。
看看这段话怎么样?

搜索技术的进步、机器学习精度的提升、加之深度学习的运用等等,电脑逐渐代替并超越我们的大脑的时代正在到来。

不太好理解,对吧?"搜索技术的进步"开始就颇有些佶屈聱牙的味道了。如果用咖啡的浓度来做比喻,感觉就像是被强行灌了一杯蒸馏咖啡,难以入喉,只要尝一口就直接大呼"真苦啊!"信息来得如此突然,以至于浓度过高发苦。这段话该怎么修改,才能把浓度调整到合适的水平呢?

首先应确切地理解文章内容,并将其打碎重组。难以读懂的文字，其特征便是使用大量让读者难以想象的"术语"，例文中正是出现了"进步""提升""代替"等术语似的表达。只需削减这部分术语，文章清晰度便会有大幅改善，也有利于更好地传递中心思想。

再围绕此前着力表达的重点内容进行扩写，改善后的效果如下：

搜索技术正在不断发展，而人工智能的精度也有所上升。如今的电脑甚至会自行钻研更深奥的知识，换言之就是深度学习。电脑正在取代我们的大脑，发挥着应有的作用，"超越大脑"的时代也已经来临。

晦涩难懂的文章无外乎在剥夺读者的宝贵时间。就算诚意满满地端上饮品："这是您的蒸馏咖啡！"读者饮之难免苦涩不已，还不得不慢慢地把牛奶倒进去，以求能多少稀释些。相反，写得通俗易懂的文章，犹如向读者赠送时间大礼包，其价值之高属实功德无量！

注重打造能够传情达意的文章

要写出能够传情达意的文字，首先应该考虑"能否在最大限度上简洁地表达想法"。切忌故弄玄虚，循着基本内容依次把事情讲清楚是最重要的。

越是精于烹饪的人，则越会忠实于已有食谱。而他们想鼓捣新菜式时，会一边跟随着烹饪老手的食谱步骤，一边精确地测定材料分量进行制作，最终才能创造出美味；而不擅料理的人，不知为何，会在尚未阅读菜谱的情况下直接上手准备烹饪。明明连基本的咖喱都还没做到位，反而去做"听说往咖喱里面混入咖啡粉会变得美味，所以我也来试试看"之类的傻事。同样的道理，放在文章上也是成立的！

"想写出绝世美文""想写得让自己看起来很聪明"的观念有时会先行占据作者整个头脑，中心思想都还没表述完毕呢，作者就开始自以为是地润色文段了。

我们并不是专业的作家，所以还是先按照步骤一步一步来吧。

能删则删

让我们毫不犹豫地删去那些多余的部分！

撇除腻人的"过量脂肪",越简单精练越好,最终必能获得不过不失的"肌肉型"文章。至于该如何进行操作?让我们逐条往下看吧。

哪些内容可以删去?

①删去不必说明亦可的内容

就算不做详细说明也并无大碍的内容,务必删去。

清晨起床,天空晴朗。因为心情真的特别好,所以我和自家养的狗一起到家附近的公园散步去了。

这段话可以精简到如下这种程度:

清晨晴朗,心情舒畅。我和爱犬到附近的公园散了步。

首先,早上基本都默认会有起床这个流程,与其说"清晨起床",还不如"清晨"来得直接明快;还有"天空晴朗"这里,

清晨起床,
"清晨"就是要起床的,删去

天空晴朗。
只有天空才会晴朗,把"天空"删去

因为心情真的特别好,
撇去毫无意义的"真的""很"之流

所以我和自家养的狗一起
精简为"我和爱犬",删去"所以……一起"

到家附近的公园散步去了。
精简为"到附近的公园散了步",删去"去了"

> 对文章能否更加简短进行思考!

↓

清晨晴朗,心情舒畅。
我和爱犬到附近的公园散了步。

晴朗的除了天空还能是哪里呢？所以"天空"也可以摘掉。当自己困惑于"这个是否有必要？"时，先试着删掉看看。如果删除之后并不影响原句的表达，那就保留修改。

另外，人们倾向于使用"真的""非常"或者"很"这类强调性词汇。在文章需要突出主题时，使用它们往往能得到不错的效果，但用得太多只会起到反作用。"和自家养的狗一起"这句改为"和爱犬"3字足矣；"家附近"替换成简单的"附近"就OK。避免使用艰涩的词汇，第一件事就是先做到尽可能简单，以简洁的文字表达为至高目标。

② 删去"我"和"我觉得"

我们经常能看到"我觉得……"的句式。"我"这个主语，在大多数情况下不用特意提出来。我在给其他作者整理稿件时，常见"我觉得……"漫天乱飞，多得离谱。试想，人之所以会写下文章，不正是因为自己确实就是这么认为的吗？这个句式虽有避免断定的缓冲效果，但我们仍应有毅然决然地将"我认为……"删去的觉悟。

③ "虽然……，不过……"和"因为……"是危险的

"虽然……，不过……"的表达尤其需要警惕。有些人文章写

得拖泥带水，文中大概率充斥着迷一样的"虽然……，不过……"。如果单纯依赖它来连接各个段落，整篇文字将会变得混乱不堪。

虽然今天的午餐是去惠比寿的西餐厅吃的，不过在那里品尝到的蛋包饭真是不错！

这段文字完全可以改成：

今天去惠比寿的西餐厅里吃了午餐。蛋包饭真是不错！

是不是简洁多了？能分开讲的内容，就果断地将其分开！

同类的例子还有"因为……，所以……"。它和"虽然……，不过……"调性相符，在拖泥带水的文章里经常出现。"必须得把文章写得器宇不凡！"心怀这种强烈想法的人，不知不觉地就会把"因为……，所以……"写在纸上。既然写下了"因为"，那照逻辑，后面不接点东西来自圆其说怎么行？最后，整段文字里塞满了无用的信息。

因为我的梦想是创立一家出版社（啊，在这里写了个"因为"……赶紧在后面补点东西），所以我正在存钱。

如果"存钱"这事儿本就没打算要讲,那自然也没有"因为"的必要了。

④ 删去多余的"所谓"

我的梦想是创立一家所谓的出版社。

别这么写!应该是:

我的梦想是创立一家出版社。

有时为突出强调"创立出版社"这件事,在语句中加入"所谓"也是有可能的。但建议先抛开"所谓",去观察余下的部分是否通顺。若不突兀,删去"所谓"即可。

⑤ 删去开场白和铺垫

有些朋友写的文章,开场白极为冗长。在网上常能看到这种文章:

对"工作方式改革"的强烈呼声由来已久。究竟如何才能有效率地开展工作，这是大量劳动者正在面临的问题。最近，许多朋友也开始使用语音或视频会议等方式进行远程工作了。这次就由从10年前就开始远程工作至今的笔者，向各位介绍"顺利推进远程工作的小妙招"。

这段铺垫实属多余。看起来虽然挺像杂志里正儿八经的导语，但如今真没有人会仔细地去阅读这部分内容……开门见山、直入主题会更好，把不必特意强调且早已成为共识的内容全数抹去：

这次，向各位介绍"顺利推进远程工作的小妙招"。

短小的文章若能传达内涵，那它就是最佳选择

"必须写长文""文章写得长的人都很厉害"……这种说法由来已久、颇有市场。

初次撰写书籍的人常常会念叨："140字的推文我倒是能写，但将近10万字的书是不可能的。我都没写过！"果真如此，那没写过又何妨？如果短小的文字就能充分传达中心思想，那发推特就足够证明能力了。

"传达想法和思绪"相当重要，推特和书籍不过是载体而已。

如果写推文就能表达自己的想法和思绪，写不写书都无所谓了。

长篇文章虽然难写，但是有价值——这完全是错觉。

若只是为了喋喋不休而写长文，那动动手指就能实现；但"传情达意"应引起重视。140字就能简单精练地将思想传递出去，对作者还是读者来说都是无上乐事，而我所推崇的就是：如果有能力写得精简，那"短小"一定是最佳选择。

从读者角度考虑，一篇短文就能悟出某种道理，还有比这更棒的事吗？长篇文章其实并没有做到"读者优先"。

另一方面，长文会提升读者的"沉浸感"。读者需要花费好几个小时去阅读，因而往往能使其沉浸于作者构建的世界观里。用电影来举例，《千与千寻》[1]要是全片时长只有1分钟，那会变成什么样？肯定无法深入那个世界中去。正因为不间断地欣赏了约2个小时的影片，观众才能品味到身处另一个时空的神奇体验。

长文不等于好文，文章该写多长，取决于目的。小说场景下，长文或许能强化读者的沉浸感；至于生活小妙招一类的文章，还是尽量短小一些，让读者能快速读完更为明智。

1.《千与千寻》是日本史上票房最高的电影。

思考文章结构设计

一篇轻松易读的文章,能让读者在拿到文本的瞬间有所反应:"似乎挺好读的!"我们以下面两段为例。

<A>

她的名字忘在了脑后。抽出报道她死亡的那份剪报自然可以记起,但时至现在名字之类已无所谓了。我已忘掉她的名字,如此而已。一次见到往日同伴,偶然提起她来。他们也同样不记得她的姓名。对了,过去不是有一个和谁都睡觉的女孩吗,叫什么名字来着?忘得一干二净。我也和她睡过几次,现在怎么样了呢?路上突然碰见怕也闹不明白了——从前,某个地方有个和谁都睡觉的女孩。这便是她的名字。

<B>

她的名字忘在了脑后。

抽出报道她死亡的那个剪报自然可以记起,但时至现在名字之类已无所谓了。我已忘掉她的名字,如此而已。

一次见到往日同伴,偶尔提起她来。他们也同样不记得她的姓名。对了,过去不是有一个和谁都睡觉的女孩吗,叫什么名字来着?忘得一干二净。我也和她睡过几次,现在怎么样了呢?路上突然碰见怕也闹不明白了——

从前，某个地方有个和谁都睡觉的女孩。

这便是她的名字。

（选自村上春树《寻羊冒险记》）

A 和 B 的内容是完全相同的，但想必后者会好读得多。A 就像纠缠不清的文字糅合体；但 B 在开头首句"她的名字忘在了脑后"之后重开了一段，映入视线的就只留起初的一行。有人会说："这种手法难道不是稀松平常的吗？"但事实是，许多人根本连这一点也没做到。

与其说这是"文章内容"的问题，倒不如说这是"结构设计"的锅。身处信息爆炸的时代，判断"要读还是不读"只需一瞬。这种背景下，如何让读者在看到文字的刹那产生"似乎挺好读"的观感，成了越来越重要的目标。

当阅读专业作家和专栏写手的作品时，不难发现它们都经过了精心的"结构设计"。

易读的结构设计，重点在于适时换行。或许有些人觉得换行是很羞耻的事："要是换行太多，看起来就稀稀拉拉的，像个傻瓜！"诚然，世上确实存在着一行不换也仍旧简单易懂的文章，或者说正是因为没换行，才创造了极富沉浸感的氛围——但能做到这一点的写手，本身就是精于文字的能人。

至于我们，还是应尝试多多换行，以"吸引读者阅读"为目标更好。

标准做法是在 4~5 行以内就开一个新段落。仅需做到这点，文章或许就会好读得多。

"看得懂"即是正义

常有"文章要写得合乎道理"的观点。那究竟什么是"合乎道理"？是正确使用了语法，还是只要文中提及"而且""但是"这类接续词，就能说是合乎逻辑道理了？要是把这个问题甩给专家，想必将得到各种各样的回答，而我将"合乎道理"简单地定义为"看得懂"。

通篇读下来，若能让大多数人认为"看得懂"，那它就是"合乎道理"的；反之，不论文章内用了多少接续词，只要它让大多数人产生"看不懂"的感受，便说不上是"合乎道理"的。

为此，我们需要花点时间反复品读已经写就的文段。昨晚写好的东西，今天早上重读就会发现问题："总觉得，这里是不是跳过了什么？""为什么从这里开始，就突然讲别的事情了？"

将这些症结逐个击破，会使整篇文章的逻辑道理趋于完善。最佳的解决方案，就是让别人试读，而且是找从未读过这篇文章、与作者之间不存在利害关系的人来品评一下，比如说家人或朋友。这样，往往就能得到相应的指导意见："嗯——这里的前后逻辑我不是很懂"或者"整篇文章都不太好理解啊"等等。

在定稿之前，我就会请熟人帮我看看有没有什么问题。若是对方向我提出："如果缺失了这部分内容的话，就会显得唐突"，那我就将其补足，尽可能让全文完美地契合"逻辑道理"。

对话必须"合乎道理"

我在第 1 章中曾经介绍过语音录入的写作方法，但其中"与他人的对话"往往是最"合乎道理"的。举个例子：

前段时间挺够呛的吧？

欸？你说的是哪件事？

不就是电车晚点那件事嘛……

啊，对对对。可把我折磨得够呛！

不过是车辆故障而已，有乐町线居然晚点这么久，之前从没出现过这种情况吧？

因为从有乐町开始，车就动不了啊。

你后来怎么解决的?

我跑去附近的星巴克借地工作呀。当时还想着要不要打车去公司……

劝你还是别吧。打车到丰洲得花不少钱呢。

对话建立在双方相互理解的基础上。若其中一方无法理解,便会追问:"欸?你说的是哪件事?"为了能让事理逻辑通顺,一方必会作相应补充。如果把上述对话用第一人称角度整理重写,将会得到"合乎道理"的文段:

前段时间电车晚点了,把我折磨得够呛。有乐町线车辆发生故障停运了,而之前从来没晚点这么久过。鉴于车子从有乐町开始就不动了,我只好暂时到附近的星巴克开工。当时有想过要不要打车到公司,但我很快便打消了这个念头,因为这样好像得花不少钱。

将对话转换为文章是打造"合乎道理"文字的最简易的方法。我在为书籍搜寻素材、做采访的时候,偶尔也会出现"等等,这里没听太懂啊"的情况。我就会多问一嘴:"能稍微再介绍一下吗?""具体说是什么呢?"如此逻辑就能贯通起来了。

一个人埋头奋笔疾书，往往会出现这种情况：不仅写出谁都理解不了的东西，而且因为无人提醒而越写越长，即便有所察觉，这时的文段逻辑也已经乱七八糟了，也会出现将众所周知的话题写得极为冗长的危险。换作采访场景下，话题中若冒出已知的内容，我们完全有能力尽早将其截断。听到"利他精神是很重要的……"的瞬间，脑海中马上反应"这个刚才不是问过了吗？赶紧打住！"于是插话："啊啊，这个您经常提及呢。那顺带一提……"就能流畅地切换到另外的话题上。

　　但自己写东西和采访不一样，想着"利他精神这个话题相当重要，或许写得详细点为好"，于是将那些读者们早已理解的东西狂书四五页。如果作者不具备相当程度的共情能力，独立完成写作将是极为困难的。

考虑读者拥有多少"知识储备"？

想传达信息的对象究竟掌握多少知识？懂得什么，又不懂什么？在对其进行想象的基础上再推动写作，也是很重要的。若问"桃子里面诞生的是什么"，大家都清楚"那应该是桃太郎[1]"；换作"梨子里面诞生的又是什么"，众人必定会一头雾水："欸？是什么呢？船梨精[2]吗？"

诸位单凭"从桃子中诞生"就能知道接下来要说什么，起因是熟知《桃太郎》的故事。知识储备的完善，使得传达信息的效率极高。文章是否"合乎道理"不局限于语法或逻辑学概念，也

---

1. 桃太郎源自日本家喻户晓的民间传说。
2. 船梨精是日本很受欢迎的吉祥物。

因"读者拥有多少知识储备"而有所变化。若要追求逻辑道理的成立或是通俗易读的体验，不考虑读者知识储备高低来写作是不行的。即便采取"A 是 B""B 是 C"的易懂格式，如果写的全是"寻求新客源的方法是改善用户体验"，这种充斥着专业术语的语句，同样无法将信息精确地传达出去。

要写得让中学生也能看懂

　　世界上存在着各种各样的人，每个人所具备的知识储量也不尽相同。若想通过社交平台等载体向众多读者展示文章，就必须从符合大多数人认知的角度进行撰写。我以前在写经营者主题的报道时，用过这样的标题：《身边的社长们属实优秀，忍不住想和大家分享！》，不需特定的知识储备，大多数人看到标题也会产生兴趣，从而达成较高的阅读量。换个说法，如果用的是《引领视频 3.0 时代：风险投资经营者的挑战》会怎样？

　　对视频领域有兴趣的人或许会看，了解风险投资的人应该也会看一眼。除这两拨人以外呢？基本感受都是"不明所以"，缺乏视频和风险投资知识的读者会直接将文章略过不看。

　　"简单易懂"要求的不仅是内容选材好理解，读者是否具备相应的知识储备也是必须考虑到的条件。众多社交平台跨越了"行业"的界限，聚集着各式不同背景的人群。如果要将想法准确向其传达，必然要求写手以读者的认知为最低基准，写下谁都能生出共鸣的文章才行。

"文章要写得让初中生、高中生也能看懂！"之所以会有这种说法，是因为初中生也好、高中生也好，他们恰好都不属于任何"行业"，脑内认知也基本共通一致。反过来说，这些内容要是连中学生都早已熟知，就大可省略不写了。像"夏天是炎热的""咖喱是辛辣的"这种流水账，没必要浪费口舌逐一作说明。为了将文章的精神内涵更好地传递给不特定的绝大多数人，让我们以"写得让中学生都能看懂"为目标持续努力吧。

结论放在开头说

加州的湛蓝天空无边无际,不知要延伸至何处。

我正驱车于国道 2 号线上。这时坐在副驾座上的女儿阿梅,突然说出了这样的话:"呐,妈妈,心究竟在哪里呢?"

问得确实是突然了些,但也是这个时候,我觉得我必须得写一本书来解释这件事了。

外文译本拿到手上,翻开第一页,往往能看到类似的开头。

硬要说的话,其实这么写也没什么大问题,但换作急于了解内容的读者,他们脑中的景象就会变成"什么?加州?阿梅又是谁?"而有关"我为什么要写这本书"的种种前因后果,部分作者甚至能写上 10 页左右。

西方书籍为何会如此冗长？目前有一种假说认为，作者是默认读者为"阅读狂热爱好者"的前提来进行写作的。既然对方愿意花大价钱买书来看，那我就以这部分受众为目标，写些他们"应该愿意花时间阅读"的内容出来。因此作者们便不急不忙地从头开始慢慢勾勒雏形，后续也更利于读者顺畅深入地理解。

如果你是著名作家，自然写什么都不愁没人看；但要是无名小卒，开头这么写是存在极大风险的。所以，没有什么比将"结论"放在开头更为要紧！其中既有对"简单易懂"的考量，也基于读者们时间有限、极为宝贵的现实顾虑。用套餐来打比方的话，就是没时间从前菜开始悠闲地品尝佳肴——万一前菜的法式酱糜不尽如人意，食客就会当场离席，就算后面的烤鸭有多么惊艳也无济于事了。

使文章成为"坚固的房屋"

开头先把"结论"摆出来。而增强"结论"的说服力，后续则需要跟上"原因""事例""细节"三大部分。譬如：

【结论】做笔记是很重要的。

【原因】为了给个人的发挥创造划出更多的时间，想花时间追求"事物的本质"，必然对勤做笔记提出要求。

【事例】比如说"会议上讲了什么""那里坐着几个人呢"之类的信息，只能归为单纯的"事实"，而如何对这些"事实"进行反应，才能称之为"创造"。要是不想在"回忆过去的事实"这种多余的环节上浪费时间，就得好好做笔记。

在文首道出结论，随后跟上具体原因："为什么要那样做呢？"这么写仍然不好理解的话，就使用事例进行补充说明。

"原因"和"事例"都有助于加强结论的可靠性，针对相对通俗的内容甚至只需其一。总之，为了让结论得以强化，添加原因和事例都是基本操作。

"结论"与其他要素

【结论】想要集中精力处理手头事务，旁边就不能放着手机。

【事例】正想着"该开始干活了"的时候，手机软件提示音却冷不丁地响了起来。本着"看看收到什么消息"的心态望向手机，却不知不觉地将指尖挪向推特，并且还刷起来了。各位想必都有这种经历吧？

【原因】手机是诱惑的集合体，源源不断的新消息会涌进来。若想集中精力开展工作，则有必要将新信息阻隔在外，并将目光集中在眼前的事务上。

结论与其他要素的具体实质，或许可用上图所示的房屋构造进行说明。"结论"颇有存在感地占据顶端，下部则由"原因""事例"和"细节"进行支撑。应该也可以这么说："原因"和"事例"的数量越多，房屋栋梁越是坚实，最后方能创出"坚固难摧"的文章。

文章一定要具备重心

在一篇文章中，想表达的内容也应只限于一项，这是原则底线。我们偶尔能看见这种文段：结论，也就是"最想讲的东西"居然会同时存在好几个！这种表达欲望虽不难理解，但它会给人留下散漫凌乱的印象。这也想说、那也想说，于是将它们全都塞进去……读者不仅无法理解，且很快就会忘却。

假设有这样的文章：

我既喜欢通过运动让身体灵活起来，也喜欢待在家里打游戏。若问我究竟是室内派还是室外派，好像哪边都不太沾，毕竟我有着各种各样的兴趣爱好。最近，我颇沉迷于在网飞平台上鉴赏作品。另外我从小时候开始就保持着读书的爱好，读书的种类也十分广泛：工作上遇到烦恼时，我会选择商业书籍，对我来说它们就像能量饮料；我还经常看小说。常有人认为小说是不中用的东西，我觉得并非如此。小说能让读者站在不同人的立场上去体会、去感受，有利于培养人的想象力。近来社交软件平台上的诽谤和中伤问题愈演愈烈，我们若是能多读小说，就能设身处地理解他人的所思所想，对待他人或许也能更温和些。

你看，这篇文章的"结论"或者"最想讲的东西"究竟是什么？是"有着各种各样的兴趣爱好"吗？"沉迷于网飞平台"？还是"从小时候开始就保持着读书的爱好"？

假设作者最想表达的其实是"小说是有用的"，以这个中心思想为先导重新整理文段，随之将变成：

小说是有用的。

与商业书籍不同，常有人认为小说是不中用的东西，但事实并非如此。

小说能让读者站在其他人的立场上去体会、去感受事物，有利于培养人的想象力。

近来，社交软件平台上的诽谤和中伤问题愈演愈烈。

我们若是能多读小说，就能设身处地理解他人的所思所想，对待他人或许也能更温和些。

作者究竟想传达什么,已经相当清晰明了。况且,因为结论在开头就已广而告之,后面的内容读起来也不会令人感到厌倦。无法明确"重心究竟在何处"的文章,是走不远的。所谓的重心,也就是最想讲的东西、要着重传达的主要内涵。

打雪仗时,我们都需要提前滚雪球。前期如果不紧紧握实,而是直接把轻飘飘的雪扔出去的话,最远也就只能飞个1米左右;但若是充分捏紧,"重心"也得以明确,那雪球很轻松地就能飞向远方。道理是相似的。没有重心的文章,肯定也无法传递想表达的内容。所以在写完文章后,要冷静地思考一下:"我究竟想说什么呢?"再毫不犹豫地将得出的结论放到文章开头,整篇文章或将变得富有感染力。

只留下最重要的部分

满目皆是多余内容的文章,是很难传达中心思想的。用刚才的例子打比方,顺着"有着各种各样的兴趣爱好"的文脉,网飞平台的种种便不必提及。写了1万字的文章,其中若有8000字是赘余,那么就请将其缩为2000字的原稿——这份勇气是很关键的。"难得写得如此洋洋洒洒,删掉岂不可惜?"这份心情是不难理解的,但要是因为无聊的内容太多而导致无人问津,岂不更可惜?要勇于变身为"严格的编辑",大刀阔斧地进行删减。

"不，兴趣爱好的话题我也想说两句！"你要真有这样的想法的话，另写一篇文章就好了，主题就定为"我有着各种各样的兴趣爱好"吧。

在同一篇文章内塞入多种信息是大忌中的大忌，只因"这也想写、那也想写"的心态会扰乱全文的"重心"，力量分散难以平衡。

第 2 章 总结：
文章这样写，才能传情达意

01

你真的理解整篇文章了吗？千万别去写自己看不懂的文章！

02

句子越短越好。

在自问"这句话真的有必要吗"的同时，仔细对文章内容进行削减。

03

切勿试图一次性传达多种信息。请将最想表达的中心思想放到开头去！

04

相比身为作者的自己,站在"读者"的角度去思考和撰写更为重要。

自说自话的文章是无人问津的,务必写出对读者友善的文章!

章节小专栏 2：让取材和写作变得更为便捷的 7 款工具

下面，让我来介绍一下在取材和写作时会使用的工具。

01 IC 录音笔（奥林巴斯 DM720）

在取材时我总会带上这款 IC 录音笔。直接插入电脑的 USB 端口中，就能方便地移动内部数据；而且干电池供电的设计也易于更换，所以我经常使用它。

02 TSUBAME 的 A5 笔记本

我会用 TSUBAME 的 A5 尺寸笔记本来做采访记录。本子非常轻巧，可以夹在手账本中随身携带，所以不会忘记。在模拟写作中用它做笔记，事后可以统一整理起来。

03　三菱 JETSTREAM 圆珠笔

我用过多款圆珠笔，但唯有这款最为流畅顺滑且不会断触。一经尝试，不觉已陪伴我 10 年左右。无论是做笔记还是校对批改，用这支笔就够了。

04　MacBook Air

虽未着重提及，但它是我的工作主力。

05　POMERA 便携式电脑（DM100）

尽管 Macbook Air 足够便利，但有个问题：它能上网。每当我要求自己完全集中于写作时，POMERA 就派上用场了。POMERA 是一款写作专用的配件，换言之就是"小型打字机"。想要全神贯注的话，将文本导入 POMERA 后钻进咖啡店，原稿进展必定无比顺畅。

06　《世界名言大辞典》

这部分就带些技巧性了：在文章中插入几句名言的话，读起来会更有意思。我们经常会在书本的开头看见某人的名言警句对吧？有了名言，无论文章内容如何，总会带着一股说不清道不明的说服力，也显得更有深度。因此我会把这本辞典放在案头，没事儿就翻翻。

07 《NEWS 予定》

这本书由共同通信社发行，网罗了过去一年主要的新闻事件。在找不到写作灵感时，用它就可以方便地辅助策划与构思。

第3章

成为写作高手第3步 突破"鲜有读者"的困境

先不要设定太高的心理预期

现在开始，我们要进入新的阶段了：易于理解且"有人愿意阅读"的文章究竟该怎么写？听起来虽然严格，但诸位可能真的太执着于"让别人来读文章"了。

在推特等平台上常能看到类似的呼吁："请务必一读！"每当瞥到这些发言和短文，我首先想到的只有"凭什么？"当然并不是说"请务必一读"这句话有何不妥，但纯粹的"强买强卖"式推荐只会令人厌烦。我们的目标，应是打造出让读者看见标题和内容后就会"自然地往下阅览"的文章。

要有这种心理预期：文章"基本上是没人看的"。如今的各类消息爆炸式膨胀，形式不仅限于文本、漫画，甚至还有数不胜数的网飞和油管这类视频平台。有趣的内容如此之多，在写作时若不能掂量"我凭什么能让别人阅读这篇文章"的话，大多情况下只会被草草忽略掉。就算渴切地恳求"请在有空的时候看看！"但这个时代，会有真正的"闲人"吗？

谁都能通过不同的内容表达自我，话虽如此，但其实没这么简单。其中暗藏着前提：除非你创作的内容能够与专业作者的成品相匹敌，否则一切免谈。表达和发声的门槛越低，也就意味着吸引读者前来阅读的难度会越高。

有不少人找我诉苦"为什么没人看我的文章呢？"大家果然还是过于轻信"人性本善"了。就算他们坚称"要是能读到最后，就能感受到文章的优质了……"实际上别说最后了，大多数人甚至都没打算看开头。

"写作"这种行为对谁来说都不存在上手难度，所以大家总会轻易地认为"我怎么就不能成为一个作家或者写手呢？"但能靠笔头吃饭的人实则屈指可数。

在音乐领域，这个道理也是通行的。谁不会哼两句小曲儿呢？或许还有不少人能在唱卡拉 OK 时夺得高分；而事实上，能靠唱歌谋生的人也是凤毛麟角。"说话"也是！我们张嘴就能说话，但想要像 Down Town 组合[1]那样，靠一张嘴就能赚几亿日元，更

---

1. Down Town 是日本搞笑双人组合。

是难上加难。正因为这是"大家都能做的事",所以能靠它混饭吃的都不是凡夫俗子。从一开始就默认自己的文章"基本上是没人看的",看似辛酸,但能有这种程度的觉悟,本身就已经和别人拉开差距了。

必须要写得让"毫无好奇心的读者"乐于翻阅

写作是讲求好奇心的,此言不虚。时常保持敏锐的感知,要对政治或经济、环境问题、国际问题等等议题抱有浓厚兴趣,全身心投入其中。若能做到这些,积累的知识必会成为所向披靡的武器。然而,为实现吸引更多人阅读的目标,文章必须写得足够出彩,能让"毫无好奇心的读者"主动阅读才行。

要说那些好奇心旺盛的人有何弱点,便是会自以为是地假定"大家都会感兴趣的"——正因为他们本身对什么都感兴趣,所以才擅自断言周边的人也和自己差不多。

谈到我自己,实际上并不算是好奇心旺盛的那类人。虽也对日常事务保持关注,或因细枝末节而穷究到底的经历,但始终没有博览群书,倒不如说电视上的综艺节目更吸引我。

我的好奇心是如此贫瘠,以至于对"毫无好奇心者"的独特心态颇有共感。以此为参考,我撰写书籍时总会朝着"即便是对万事漠不关心的我也会想去阅读"的方向不断努力。

站在"大家难道没兴趣吗"的模糊角度上写出来的东西，注定是没人看的。为吸引更多人阅读，它必须出彩到能让"毫无好奇心的读者"主动进行了解才行。务必将这点谨记于心吧。

"想写的"和"想看的"是两回事

作者"想写的内容"和读者"想看的内容",二者往往是不同的。讲个我在出版社当编辑那会儿的故事吧。编辑去找候选作者商量,策划要写什么题材。这时我注意到了一个细节:提议的内容绝非"作者想写的东西",而是将"作者想写的东西"和"读者想看的东西"放到一起,寻找二者间的共通部分,再拿出来商量,换句话说就是在磨合推敲。

例如作者要是"想写跟社区有关的内容",必须冷静地看清现状:会有多少读者愿意听作者去介绍社区的种种?说不定在相较之下,读者们更想听他聊聊"跟钱有关的故事"。一定要把这个重合的部分找出来!

令人意外的是,人类对自己的强项其实了解不多。对于"该写些什么才会让读者感到有趣"的问题,大多数人自己都找不到答案。所以,编辑就会从客观的角度去分析作者本人,并提议写作主题方案,这个流程是极重要的。

若能回应读者的真正呼声,作者想表达的文章思想也必能使读者充分领会。能做到这点的话,就再好不过了。

你想写的不一定就是大家想看的

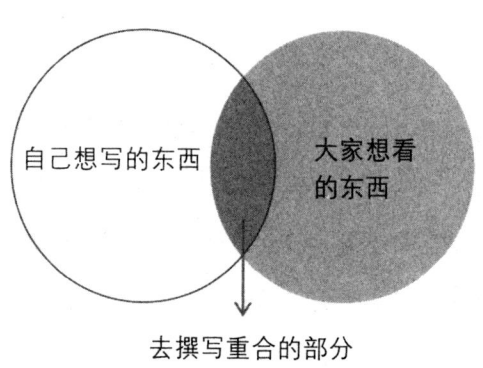

去撰写重合的部分

选择在演讲时能吸引人的话题

说起来,在得知对方不清楚自己究竟该写什么主题时,我通常是这么建议的:"如果让你去开一场演讲的话,你觉得聊什么才更能吸引人的注意力?"譬如:你是税务师的话,必然有许多人希望了解"税务相关知识""金钱之事";要是面对心理咨询师,大家应该会想学习"心理学"的内容。

真枪实弹地把它拿来演讲的话，会有多少人来听？想象一下这个场景，或许你就能明白该讲什么给别人听了。

讲个故事。有个会计师带着策划案来找我，说想要写一本"自我启发类的书"。我马上就提出了建议："不对，你可是个会计师，不该写这种东西！税务和金钱才是你的老本行，写那些比较好。""欸？写那么俗套的东西真没问题？"他颇为吃惊。还是那句话，你"想写的"未必就是大家"想看的"，二者间意外地存在差距，但很多人根本没发觉这一点。

自己究竟该选择何种主题来表达思想？向编辑征求意见是最有效的。然而，普通人想跟编辑碰上一面并不容易。那又何妨，不如试着向家人和朋友等身边的人求助？问他们"你觉得我应该写什么才好？""你有什么想问我的问题吗？"等等，说不定还能找到意料之外的好主题。另外，还可以试着不间断地发推特。"啊，这个好像没什么反响啊""这个话题大家都喜欢！"发推特可以快速地判断某种话题的热度高低。我能在多大程度上客观地看待自己？这些都是关键点。

说到这，可能就有人会想了："就是说得迎合读者去写东西咯？"写自己想写的、抒发自己愿意抒发的，有错吗？不不不，话不能这么说。试想，辛辛苦苦写出来的东西没人看，这难道不是相当浪费的吗？如果真的要将自己的想法传递给别人，免不了耗费心力去思考选择具体手段。要明白，为了让别人愿意侧耳倾听，首要任务是先去"回应读者的期待"——这才是上上之策。

切勿成为"连自己做的菜都不愿吃"的厨师

另有一点需要注重，那就是须时刻思考"换作我是读者，会愿意去读这样的作品吗？"试想：会有厨师在上菜时大言不惭地表示"我不太想吃这道菜，但您请"吗？会有厨师兴高采烈地向客人介绍"您的蛋包饭来了，虽然不好吃"吗？这种餐厅果真存在的话，估计大家也不会有前往的欲望吧。纵使如此浅显的道理，许多作者却领悟不到。

编辑要求作者"请围绕某某话题写 1 万字的文章"时，部分专业写手的心态居然是："总之先凑满 1 万字交上去再说吧，虽然挺没意思的……"写完之后明明连自己都不想再看第二次，却坚持要求对方"难得写出来了，麻烦看一下"，凭什么啊？有谁愿意去看这种文章？

一道菜"因为很好吃，所以你也尝尝看吧"，是相当正常的逻辑，正因自己对此评价颇高，才有向别人推荐的动机。那为何转到写作领域，却要对这群作者施舍怜悯："好歹写出来了，请读读看"？滑稽！写文章时站在客人的立场也是很重要的，或可称其为"客观视角"。

将"客观视角"拆解，可得"站在客人所观察的视角"。写作时亦如是，要跳出主观的牢笼，以客观的视线窥探真实。"如果我是读者，真的会读这篇文章吗？""如果身为读者，我会觉得它有趣吗？"等等，这个过程是绝对不能忘记的。

没有人会碍于情面而去特意阅读

为什么前面我使用的措辞都这么严厉呢？那是想让诸位认清一个事实：没有人会碍于情面而去特意阅读你的文章。就算老友或家人愿意花时间看看，但纯路人绝对不会大发慈悲地表示"难得这么努力写出来了，那就帮你看看吧"。为什么呢？我先前说过很多次，大家是真的没那么闲。

再考虑到"靠文章获取金钱""将写作当成职业"这个层面，效果就更明显了：谁会碍于情面而花1300日元买一本烂书？你觉得自己的文章值多少钱呢？几乎所有购买行为都出自"真心"。唯有让读者认为"这本书似乎真的有用""这本书确实挺有意思"，才有机会从他们的口袋里掏钱。

读者就是靠"真心"去挑选内容的。明白前后因果的我们，作为内容提供者，就有必要使自己创作的内容与对方的"真心"相呼应。若妄想"写这些应该会受欢迎吧"，或者"这可是热点话题，所以总不会没人看吧"，最终必将沦为自说自话。请时刻保持应有意识：必须写出自己真心想看且认为有趣的内容！

该怎样确定目标受众?

经常有人问我"写文章的时候,是不是应先明确面向什么群体会比较好?"也有编辑会告诫作者们"务必搞清楚自己是要写给什么人看的!"但我向来只把"自己"当作受众。老生常谈的概念了,要创造"自己想读的东西",去写"自己愿意掏钱买的书"。或许有人质疑:"欸?但是,如果写出来的东西只是自己想看的话,不就等于最终只有一个人过目吗?"问题是,这并不可能。归根结底,与我拥有一致思维和喜好的人,少说都有几千,运气好的上万也绝非虚妄。

有一种说法叫作"分人主义"。作家平野启一郎对此颇为推崇,简单来讲就是"人其实是无数人格的集合体"。"individual"被译作"个人","个人"乃已知"人"的概念中的最小单位,再往下便无法分割；然而，平野先生对此却有着不同的看法。个人之下存在不同的人格，即便是同一个人也会展现变化多端的侧面。因此平野先生认为应该称之"分人"而非"个人"。

举个例子，"和家人交谈的自己"与"和上司对话的自己"，能说哪边才是真正的自我吗？"跟朋友畅聊的自己"与"孤身一人时的自己"，究竟谁更真实？估计有不少人都思考过这个问题吧。根据平野先生的说法，以往普遍认知中"真实的自己"存在于个体中心、若干个"虚伪的自己"围绕在身旁之类的种种观点皆不准确，因为"每个人格都是自己"。

称之为"我"的个体内部，有着不同的人格、繁复的自我。"在看到小狗时觉得可爱无比"的，是我；"对某人嫉妒得不得了、颇为焦躁"的，是我；认真时大呼"必须要学习了"，堕落时絮叨"喝点啤酒随便打发时间得了"……其实，他们统统都是我。

顺带一提，大多数出版社的新书策划方案里，总会有一栏专门用来记录"读者受众"。"20多岁的女性劳动者""40多岁的男性领导"等等，每当这时我总会苦思冥想半天。你看，写书时以"若干岁的男性""职业为某某的女性"作为读者受众，这难道不是件很奇怪的事吗？

从"分人主义"的理论来看，60多岁的男性中也不乏天真烂漫者，而20多岁的女性中照样存在思维成熟者，多样化的趋势愈演愈烈。用年龄、性别或职业等标准去划分人群，明显和当今时代脱轨了。

所以回到正题，即便我写的文章只有自己想读，但谁又说得准"觉得这本书很有趣"的人格不会重现在其他人身上呢？许多人的内心的确会"在看到小狗时觉得可爱无比"，"对某人嫉妒得不得了"的情绪也不在少数。正因如此，我坚信着只要撰写自己想读的文章，必然就能引起许多人的共鸣。

只为一人而写的"放大镜理论"

话虽如此，在不同场合下，我们并不能自由地仅以"自己"为受众目标，"他人"的存在是躲也躲不开的。这时意识到的，应是要追求"只为一人而写"。

无论文章是写给"40多岁的男性"看，或是"20多岁的女性"看，都难免有泛泛而谈之嫌。倒不如将目标修改成："这么写的话我父亲应该爱读""侄女××肯定会喜欢"等等，集中"只为一人而写"。只凭"或许有人会来看吧"的臆测写东西，无人问津的危险性反而极高。

小学时代，我们都做过用放大镜照射白纸并将其点燃的实验。如果照射纸面范围太大，热量难以集中，想必是无法燃起的。唯有将阳光聚焦于一点，烟雾升起，才能燃烧。确定读者受众的方式实则大同小异。专注向"一人"发起攻势,星星之火必将燎原;上来就照射一大片范围,最后顶多就是大家雨露均沾、温温热热的,至于燃烧就别想了。真要想将文章传递给尽可能多的人,倒不如先从"只为一人而写"开始吧。

泛泛而谈的目标,无法传递给读者

照射范围不定,难以燃烧

聚焦于一点,便可生火

好作者也得是个好编辑

想要写出有人阅读的文章，必须在心中安排好两个角色："作者"和"编辑"。无论是写作还是审核，全部由一人包办。具体该如何操作呢？让我们逐个捋清楚。

首先，只管一个劲儿地用"主观情绪"去写。不要去思考复杂的概念，脑子里想到什么，写就是了！语法错误也罢、用词不妥也罢，先别理会它，畅所欲言、随心所欲，理论种种抛到脑后，总之就先动笔再说。切忌去纠结"这会不会肤浅了些？""这个想法好像挺无趣的啊？"等等，请无视细节，心无旁骛地将其写完。

OK，来到下一步。

中间先休息片刻，然后将自己的角色切换为"编辑"。现在面前摆着的，恐怕是一篇充斥着浓厚的个人片面情绪的杂乱文章。

调整好心态，从客观角度出发，先将最简单的助词、语法错误修改掉。随后，认真判断"这部分的段落明显有误""论述的道理非常荒谬""这里说得过于绝对了"等等，以客观视角进行妥善调整为妙。

谁都能给文章提建议

突然要求将自己转换成"编辑"或许挺令人为难，但这并非毫无可能。毕竟，我们最擅长的就是给别人的文章挑毛病了，人类本就擅于以客观标准评判世间万物——譬如在面对社会新闻时，大都能以"客观的"情绪看待并作出评价。谁还不会在雅虎新闻下方的评论区写两句呢？看完电影之后也能简单地发表观影感想："很没意思""还差一点儿"之类。若这位观众稍专业些，甚至还能指出"这片子的角色安排得不行""开场拍得太突兀了"等等。

相同的道理，大多数人在看完别人的文章之后，应该都能指出文中哪里看起来奇怪、不够有趣云云。即便在主观写作时未能发觉，但在编辑客观的评判视角下，终能给到改善意见："插入具体的事例会更好""这个在道理上说不通，最好再补上这样的文段"等等。评价好坏的差事，大家可能会比想象中要做得更好。这正是"将文章放置一段时间"之后应该做的事。

任何人基本都能进出版社成为一个编辑，但没多少小说家是从写作培训班出师的。正所谓：写作时要多夸夸自己，阅读时要多挑挑毛病。这时，就该成为一名坏心眼儿的编辑了。"就这个，不挺无聊的吗？"边想边推敲，文章就能向更有趣的境界迈进。"从第 5 行前后开始就有点厌倦了……那好，为了不那么惹人嫌，把它们放到标题部分！""举的例子还是不太合适，换个别的"等等。

有一点很关键：写作阶段不要有"坏心眼儿"，那是事后编辑时才要做的！要是连作者自己都"坏心眼儿"的话，就真的别再想写什么东西出来了。动笔的时候要保持天真："这不棒极了吗！""我真有趣啊！"边夸自己边写作。相反在阅读阶段，要边叹息"这家伙到底行不行啊"边做修改批注。

一篇好文章的诞生，离不开"主客观之间的反反复复"。靠自己究竟能打磨出何等水平的作品，取决于能否娴熟地在两个角色之间进行切换。

选择"个人需求"导向内容为主题

想让自己写的文章有人看，明确用何种方法寻找"该写什么"可谓第一要务。即便克服了第 1 章所提及的"从未动过笔"的问题，但持续发掘和提供"可成为热点话题的素材"并不容易。这里就留下了一个问题：究竟该怎么做，才能找出话题可用的材料？

关键词是"个人需求"。在市场营销领域，消费者们分外看重符合"个人需求"的物品，而换到文章上也差不多。读者们必然会对契合"个人需求"领域的内容拥有庞大的欲望！若能选择这类领域的素材，成为话题热点的概率也会很高。

稳扎稳打不易出错、具备惊人能量的"个人需求"主题有以下5项。如果不知道自己该写什么，试试这些或许就对了！

① 金钱（包括工作和劳动形式）
② 美食
③ 恋爱、婚姻、家庭
④ 健康
⑤ 教育

首先金钱、工作和劳动形式的话题，必然具备热度。许多人每天都想着"该怎样才能多赚点钱""怎样工作会更加幸福"等等，这些话题很有市场；食欲乃人类生活根源，美食、料理相关的内容永远不会过时；恋爱、婚姻和家庭是人生中不可或缺的部分，从时代趋势上看，未来也会变得越来越重要；只要人类尚未失去生存本能，健康便永远是无法逃避的话题；教育、育儿主题热度非常高，不少父母笃信"比起自己，孩子的未来更重要"，为培育下一代而不惜重金者大有人在。并且，育儿不存在唯一绝对的答案，大家又都是初学者，在育儿话题上怎么讨论都不会出错。所以在任何时代，育儿和教育相关话题都是极为强势的。若非要再作补充，可以考虑"教养"话题——大家都不希望被别人嘲笑"你居然不懂这个吗？"颇为看重脸皮，不想丢脸。由此，"不想丢脸的需求"同样也有相当高的热度。

与自己的专长、专业领域进行结合

选择这类"万金油"主题去写自然不会出什么大错，但竞争也会更加激烈，比如，金钱相关的文章已经在网上泛滥得没人看了。所以到这一步，如何将它们与自己的专长、专业领域进行结合就极为关键。

熟知昆虫的人要光是写些普通的昆虫知识，应该得不到多少阅读量。且慢，将昆虫内容和③恋爱婚姻话题结合起来，会变得怎样？热门标题就此诞生：《昆虫也有不伦行为吗？》这样的话，或许就有人愿意看了；住在法国的人若只是平淡地记录法国生活，可能也不太能提起他人的阅读欲望。但要是写成《震惊！法国人原来是这样育儿的！》估计就很有市场了。请务必意识到"将自己的专长与5类爆款主题进行结合"的重要性！

要将自己才会写的内容，表达得人人皆可读懂

作家井上厦曾提过一个振聋发聩的问题："作文的秘诀究竟是什么？"针对这个发问，他已给出极为简朴而本质的回答。

写作的秘诀是什么？以一言蔽之，就是将只有自己才能写的内容，表达得无论谁都能看懂罢了，仅此而已。……文章之所以有趣，就在于作者能把此情此景、此思此想以极为通俗易懂的方式写出来，也唯有如此才能动人心弦。

(选自《井上厦与141名伙伴的作文教室》)

井上先生表示，世上有些学者实属"天赋异禀"，居然能"将大家都能写的东西表达得谁都看不懂"。转念一想，确实也没说

错：有些大学教师所撰写的书籍，在面对"A 是 B"这类简单到不能再简单的概念时，极尽绕弯曲折之事。或许，这就是所谓的"学问"吧——但它必然难以成为让众多人愿意捧读的文章。

在苦思冥想许久后，井上先生终是得出了一个结论："要将自己才会写的内容，表达得人人皆可读懂。"当我们烦恼"这篇文章为什么没人来看呢……"的时候，也请试着思考这句话。

读者身上是否具备阅读文章的"动机"

无人问津的文章都有共通之处，它们无一例外地缺少某项内容。

那就是"阅读动机"。

没人看的文章必然缺失阅读动机，如此浅显的道理却经常被人忽视。

人类的所有活动，都具备其动机。因为钱是必不可少的，所以我努力工作；因为大家的评价都说有趣，所以我才去看电影……某种行动的背后肯定存在其动机。至此，一篇文章若要被人阅读，不认真思考"别人为什么要去读这篇文章"并创造出动机的话，是难以实现的。"阅读它我能得到什么好处"是打造动机的最有效方法，换言之就是"展示优点"。

药品包装盒上写有"成分"和"功效"

药品包装盒是极好的参考范例。若你手边有药品或是能量饮料,务必看看它们在包装上写了什么。基本上,都是"成分"和"功效"两部分吧。

含有1000毫克牛磺酸!滋养强壮、恢复体力!
搭配布洛芬成分,有效缓解各类感冒症状!

这种包装让人乐于购买!

就算你不懂牛磺酸和布洛芬是做什么用的,但总会有不明觉厉的感受;再者就是它们的功效了。功效都没写出来的药,肯定是卖不出去的,要是包装上只有一句话:"含有牛磺酸!"看了也只会让人一头雾水。成分和功效都写得清清楚楚,大家才会蜂拥购买。

我在撰写商业类书籍时,也时常注重展示"成分和功效",

书籍的标题和封面上它们是不能缺席的。

书店里的畅销作品基本都是这种标题：《让人生改变的〇〇》《〇〇助你实现梦想》等等。不难理解"〇〇"就是"成分"，而"让人生改变""助你实现梦想"则是"功效"。它们卖得好，只因明确地告知读者："看了这本书，就会有不得了的事情发生哦！"

就算你认为"这种标题幼稚又拙劣！""都是些肤浅的技巧！"但不可否认的是，这种展示优点的做法确实会让人产生反应。自己写的文章，其内容是否有想读者所想？读者看完之后，是否会发生前所未有的事情？读者数量会因此类意识的有无而出现巨大的变化。

将内容建立在吸引读者的"热点"上

这一章都在着重描述"市场营销手段"。网络无疑将在未来化身作家写手们的主战场,而作为待售商品,自己的文章该怎样才卖得出去,营销想来是不可或缺的。以往的作者们只需给书籍和杂志投稿,编辑就会帮忙操办一切市场事宜,譬如给《周刊文春》[1]之类杂志提供稿件,便能将文字准确无误地传递至读者手上;但换作网络世界,再没有专人帮忙负责营销工作了。若是给老牌人气网络媒体寄送稿件又另当别论,普通地想透过推文或笔记来扩大文字影响力的话,要求我们必须具备一定的市场意识。

1.《周刊文春》是日本发行量最大的周刊,经常会爆出名人丑闻或花边新闻,往往能轰动社会,甚至扭转名人的演艺或政治生命,故有"文春炮"之称。

谁都能在网络发声，但换个角度看，也不再会有人帮编辑营销了。要成为网络时代里一名合格的作者，是否具备这种"敏锐的市场营销意识"必然会带来千差万别的结果。于是，"热点"这个关键词浮出了水面。精确把握"哪里会出现怎样的热点"并顺利地击中引人关注的"热点"话题，是网络时代作家的命门。能理解其精髓的人必将顺风顺水，而理解能力不足者只会反复碰壁，反复质疑"为何无法传递到读者心中"并疲于奔命。

例如，我现在想专注于"SNS时代的编辑"这一热点上。伴随着网络中各类信息内容爆发式增长，但相对应的合格编辑却显得力不从心。从"SNS时代的编辑"或者"SNS时代该如何编辑文章"之类的热点下手，受众群体必然具备一定规模，强化此话题的存在感也会更加得心应手。说白了，热点和"街道"是相同的：既有狭窄逼仄的巷陌，又有人流不息的大道。在哪条街上开店才会生意兴隆？在哪种热点上大做文章才能吸引更多读者的眼球？对此拥有高度的意识是极为重要的。

好文章是献给读者的"情书"

这里又会陷入困难的局面：若是过度考虑市场效果、日夜沉溺于市场效果的好坏表现，就会丧失产出真正具备魅力的文章的能力。最后就落在这个关键思考上："面对这个世界，我该传达怎样的信息？""传达什么才会让众人为之喜悦？"

在音乐家群体中，也分为吃了上顿没下顿的音乐家和专业音乐家两拨人。二者的区别究竟在哪里？是音乐水平高低的问题吗？我看不然。即便是能力极为高超的人，也有和朋友去卡拉OK唱歌后收获区区"真强啊"评价的落魄者，颇为惨烈；另一方面，水平不算太高却登上"红白歌会"或者"唱片大奖"舞台的人，我也能数出几个来。差距是如何产生的？

我认为关键在于"会因这个人唱的歌而收获喜悦的听众究竟有多少"上面。就算唱得再好，没人与之产生共鸣并欢欣雀跃的话，便难以靠音乐来谋生；表现即便极烂，能取悦到听众就能成为可持续的生计。写文章也是大差不离的，要经常考虑内容能否让读者为之欣喜——道理并不难，方法却唯此一种。

本书虽然介绍了多种多样的写作技巧，但要明白技巧本身绝非一切。观察读者的动向并适时调整写作战略，是思考的铁律。意大利作家弗朗切斯科·贝利施莫在撰写《商业伙伴招募法》一书时说过："不受欢迎的人总在谈论自己的过去，受欢迎的人会去畅谈与对方的未来。"

不受欢迎的人乐于翻开毕业相册细碎絮叨："我以前可是这样的哦！""我在运动会上可是拿过冠军的！"滔滔不绝。受欢迎的人就不太一样了："我在制订旅行计划，要一起去哪里吗？夏威夷感觉还挺好玩的？"开朗积极地将快乐的未来、有你我存在的未来展示在面前。相比事事只考虑自己，能考虑到对方想法的人才会行事顺利，这个例子极有说服力。

"为对方着想的情绪"有助于诞生美文

好文章也是一封优秀的情书。观感恶劣的情书，开篇就会进行唐突的告白。

"我真的很喜欢你！请和我交往！我喜欢你喜欢到不行！"

并不是说这种作战方案完全无效，的确有人会难以抵挡这股猛烈的热情而顺势答应交往；但大多数情况下你会吓到对方，告白行动也以失败告终。运气再背点，将收获如此评价："哇，真够恶心的……"话之所以会说到这个份上，还不是因为完全没有考虑过对方的感受所导致的吗？

一封优秀的情书，必然也是为对方考虑得细致入微的文章：先以对方可能会感兴趣的话题为开端，可以插入"突然收到信件或许会震惊不已吧"等语句求得对方共感。随着文字逐渐深入，对方能进一步地了解自己，真挚的思绪也将得以传递。切勿单方面地倾泻"想要交往"的意愿，要适当地展示和自己交往将会有什么好处。

"和我交往的话，每天都会变得很开心！""在遇到困难时我也会出手帮你！"等等，要在不引起对方反感的限度内尽可能地加以表现。如此，对方也许会为你而倾倒。

写文章的时候也得搞清楚，是否足以成为一篇"献给读者的情书"。你是否有过自说自话的经历？有明确向读者展示优点所在吗？只有想明白这一点，"为对方着想的情绪"方能吸引读者前来阅读。问题是，我们该怎样进行具体的操作呢？让我们走进下一章节吧。

第3章 总结：
这样做，能让大家来读你的文章

01

要选择"自己想写的东西"与"读者想看的东西"之间重合的部分为主题。
若能将其强化为具备"个人特色"的主题就再好不过了！

02

要以自己或以"一位读者"为目标受众撰写文章。

03

成为"坏心眼儿的编辑"，客观地评判自己所写的文章是否足够有趣。

04

在设计标题和包装时，需充分考虑到"成分"和"功效"元素，努力打造让读者为之欣喜的创意内容。

章节小专栏 3：文章写得好，委托与谈判能力也会提升

文章写作技巧一经提升，便会伴随着委托和谈判能力的强化。无论是通俗易懂的文章还是精于传递思想的文章，撰写它们的时候，没有比考虑对方的想法更为重要的。"对方究竟是怎么想的？"对这种预设想象力多做训练，在商务场合中也能派上大用场。

以前在出版社做图书编辑那会儿，我经常要给不同的作者发出邀约，希望他们能写一本书。有一次，我要向创意总监佐藤可士和先生发个邮件，邀请他执笔撰写著作。在邀约之前，我经历了如下的思路历程：像佐藤先生那样的大忙人，就算手写一封信发过去，他都未必会开封阅读；此外他应该是个讲究思维逻辑的

人，相比较为感性的手写信件，还不如发封电子邮件来得更为简洁有效。

写邮件时，要花心思的可不止文字部分。为表达"想要创作这样的书"的强烈愿望，还得在附件里带上封面设计。当时想邀请他写的书叫作《与佐藤可士和的碰头会》，因此我还特地将标题和腰封部分齐全的封面图像放入邮件内，一并发送。

委托邮件的文字内容大概是这样的：首先在开头自报家门"我是某出版社的编辑×××"，确保内容的可信度；随后马上开门见山地表示"想创作一本名为《与佐藤可士和的碰头会》的书"，因为"市面上有关会议的书籍虽不少，专讲碰头会的可不多见"。由此希望能多了解一下佐藤先生的种种碰头会轶事，等等。

在写委托类文字时还得注意一点，得花点时间事先预判"拒绝的理由"并提前消除隐患，这个环节颇为要紧。"他可能会用什么理由拒掉我的邀约？"或许能设想出"光靠碰头会可写不出一本书的量"这种回复。那好，见招拆招："虽说叫作碰头会，但可写的主题可真不少！碰头会前应该先做些什么？碰头会的时间和地点有什么讲究？会中该喝什么饮料？像这样，主题可是要多少有多少哦！"提前写好这类回复，以便随时应对。

全文长度若是四五行，容易让人觉得马虎敷衍；太长了又使人敬而远之不愿阅读。所以这里建议，以鼠标滚轮两下能滚完的篇幅长度为宜。

信件结尾则该这么写："缺乏灵感的话或许您会放弃，但只要有些许可能性并愿意前来与我商讨，实属荣幸之至。"意图很简单，只是为了降低对方回复信件的难度而已。如果编辑和作者有机会见上一面，对方就能真切感受到创作的热情和认真的心态。先实现"会面"这一步，难度就会大幅减少，也增加了达成合作的可能性。

不知是否被我这篇委托邮件所打动，最终承蒙佐藤先生厚意，这本书顺顺利利地开工了。

"选择媒体"本身也是信息的一部分

最近，传达信息的工具五花八门。由此，"选择何种媒体"本身也会成为信息的一部分。

对方是重视效率的人吗？还是重视想法？基于标准的不同，选择的媒体自然也不一致。前者适合用手机通信软件进行即时沟通，后者用邮件或传统书信更为适宜。

先前在委托《周刊文春》主编新谷学先生执笔新书时，我使用的是传统书信手段。预先向了解新谷先生的人做好调查，搞清楚"他究竟是怎样的一个人"。最终得知相比逻辑，他更重视对事物的热情。

务必认清自己的定位——对方可是身经百战的文字主编，什么采访场面没见过？在他面前班门弄斧只会露馅。相比邮件这种需要咬文嚼字的载体，还不如传统书信更能传递"我多么想推出这本书"的热切渴望。当然了，光靠热情就想把事情办妥的话，那可太失礼了。徒拥热情的人嘴上主张着"无论如何都想和您一起合作"，本质上只是自己想这么干而已，至于能给对方带来什么好处却只字未提。我们要在传递自身热情的同时，向对方传达"对您来说应该也是好事一桩"的中心思想。

在写给新谷先生的书信中，我大概写了这些内容：

一直以来，我都想成为最强的编辑；而用《文春炮》系列震惊了一个时代的新谷先生，无疑就是最强的编辑。真心想向您请教请教！这次我策划的新书名为《〈周刊文春〉主编的工作技巧》——《周刊文春》究竟如何深挖诸多事件的内幕，又是如何以专业的工作精神推进项目的，我想向读者们详细地介绍一下。

至于结果嘛，我最终顺利获得新谷先生的许可，并完成了一本颇为有趣的书。当时我还收到如此提议："要不要聊聊那些重大新闻的内幕？"譬如聊聊"BECKY 不伦事件""甘利明金钱收受事件"的背后故事等等。听起来虽然不错,但我并无意去增补这部分内容。原因很简单,这些提议于《周刊文春》毫无益处,对书籍销量提升也助力不大。相反,若是能从商业书籍出版社那里得到"认真严谨的工作技巧"的名号,品牌价值得以提升,更能回应读者的期待。

自己想做、能为对方带来好处,并且能回应读者期待,寻找这三者之间重叠的部分并将其整合成型,正是图书编辑的工作。

第 4 章

成为写作高手第 4 步
突破"枯燥无聊"的困境

单纯的信息毫无价值

当今时代,想让众多读者愿意翻看你的文章,"趣味性"是完全逃不开的。过去没有网络,大家能接收到的信息量本就不多,作家也只需以"大家总会看"为前提去写作就行,不必顾虑其他。民众对资讯消息的渴求是客观存在的,只要有提供渠道,肯定会有人凑过来看;但网络时代可大不一样。在避免落入俗套、抵制脱离主流等方向上,作家若是不耗费一番苦功,无人问津几乎是板上钉钉的。

我们到外地观光时,经常能发现历史遗迹指示牌,诸如"坂本龙马的出生地""伊达政宗最后一场大战的所在地"等等。那种指示牌,我从未试过耐心地看到最后,因为它们大多只是已知信息的罗列,就算看完了也不会产生任何心情的起伏。

明治神宫外苑内,树立着写有银杏木行道树介绍的标牌。

○ **银杏（公孙树）**

银杏是世界上现存最古老的史前植物之一。地质学上，它曾于侏罗纪（一亿五千万年前，是大型恐龙栖息的时代）广泛分布并繁衍于地球表面，其化石从极地地区至南北半球、中国和日本等地皆有发现。随着冰河期的到来，银杏在多地灭绝，当时唯有保持温暖气候的中国保留了一线生机，银杏得以不断繁育至今。

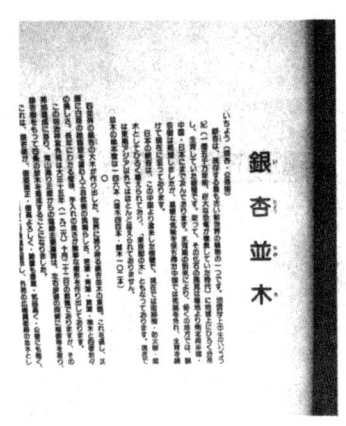

日本的银杏自中国引种而来，目前已在行道树、防火林、园林庭院等领域得到广泛种植，亦成为东京都的象征。现在除东南亚地区以外，已难见到银杏的身影。

花点时间仔细品读的话，会发现其实写得挺有意思的。可惜文段未见起伏顿挫、抑扬转折，仍旧难逃"单纯信息罗列"的观感，令人兴致顿消。该怎样写才能使其变得符合当下主流呢？

将动态引入文章

首先要让文章的节奏灵动起来，为单调无味的文字插入"动态"效果！我在 Note 里写文章的时候，无论指尖移动到哪里，停留的页面内必然会有经过"标题"和"加粗"效果处理的段落。这或许和上文提及的"设计"部分有所重合，但让读者在看到文章的瞬间能集中精力于一处，这是极为要紧的。必须得在零点几秒内抓住眼球，让他们觉得"文章挺好看的"！起一个惹眼的标题、降低术语的使用频率、通过换行和加粗文字等手段强化文章的节奏感，将动态代入其中。经过一波猛如虎的操作，文字会呈现出这种效果：

恐龙时期就存在的"银杏树"

哪怕是放到现在，银杏也是为数不多的古老植物之一。

在大型恐龙栖息的一亿五千万年前，银杏便已广泛繁衍，其化石在北极、南极到中国、日本等地皆有发现。

随着冰河期的到来，多地的银杏全数覆灭；但是在维持着温暖气候的中国，银杏得以保存一线生机，不断繁育至今。

日本的银杏树皆来自中国，目前已在行道树、防火林、园林庭院等领域得到广泛种植，亦成为东京都的象征。现在除东南亚地区以外，已难见到银杏的身影。行道树总株数共计 146 株（雄树为 44 株，雌树为 102 株）。

怎样？这样编排的话，至少读者会有停下来端详两眼的意愿了。文中活用了标题、换行、字体加粗、简练表达等手法，单是把它们落实到文字中，读者数量就会成倍增加，还有比这更划算的买卖吗？

倾泻"感情"于信息之上

"有趣"的本质究竟是什么？我的理解是"感情的动摇"。令人发笑、热泪盈眶、瘆人可怖、充满勇气……想打造出充满趣味的文章，要让读者的情绪随文段上下起伏。银杏树的指示牌看似只是信息的罗列，仔细读来却有不少"会心一击"的看点，将它们作突出强调，就能让文章趣味横生。

①银杏在恐龙时代便已存在；
②即便是现存的植物当中，银杏也是历史非常久远的；
③冰河期的到来使得多地银杏灭绝，但唯独在中国幸存下来。

这些知识点新鲜又前所未闻，能让读者产生"原来如此"的感悟。为让这些"会心一击"的看点猛烈冲击读者的感官，必须提前进行精心的设计。

有趣的文章都是"8成共鸣、2成发现"

要告诉诸位一个残酷的事实:"有趣的文章,内容本身就足够有趣。"当然,除内容以外,有些作者擅于用花式表达和措辞营造氛围,并凭借它创造独特趣味的感受,但能实现这种效果的,也仅限于部分专业作家。像我们这种业余写手,要是真想写点什么"有趣"的东西,唯有"以内容一决胜负"。所以我才会在第1章里苦口婆心地强调"要先好好搜集材料""没有食材是捏不成寿司的"种种。话虽如此,能让人看一眼就爱上的"有趣"素材,并不是遍地都有的大路货。好了,那该怎么办?

使读者为之惊叹"真有趣啊"的文章,确实免不了得放些新鲜信息进去,但光是叫人"原来如此!""是这样吗!"的文字迟早会降低疲劳阈值。假设有这么一篇文章:

巴布亚新几内亚是一个君主立宪制国家，包括新几内亚岛东半部及其周围的南太平洋岛屿。它是东南亚国家联盟（ASEAN）的特别观察员，但在地理上属于大洋洲。它位于澳大利亚以北，所罗门群岛以西，印度尼西亚以东，密克罗尼西亚联邦以南。

这是维基百科上描述巴布亚新几内亚的文字，我只对它进行了轻微修改。对于不太懂地理的人来说，满眼充斥着"全新的信息"。读下来颇为艰深，很难让人明白这段话"有趣"在哪里，接连不断出现的专有名词使读者自顾不暇。

那要是改成这样呢？

你听说过巴布亚新几内亚吧？

知道它在哪里吗？

从地图上看的话，它刚好位于澳大利亚的上方。

如果你的年龄在30岁以上，或许还会对《南国少年奇小邪》[1]这部作品有点印象；许多人的脑海中，对它都曾有过"和平安定的南国"的印象。

1.《南国少年奇小邪》是日本知名女性漫画家柴田亚美的漫画作品。

但事实上,在二战之前,这个国家被分为两个地区:巴布亚和新几内亚。战争期间,日军和联合国军为争夺这块土地而战,约有 21 万名士兵在战争中死亡。战后两地统一,并称为"巴布亚新几内亚"。

这样写,不就有趣得多吗?

其实我想说的是,占据有趣文章 8 成篇幅的绝不会是"全新的信息"。

前 4 段抛出的内容绝非全新信息,坦诚讲还挺没意思的。更危险的是,如果铺垫太长,甚至会让读者感到厌倦。然而正是这部分内容,却有"拉近作者与读者之间距离"的神奇魔力。

并且这样写让最后一段中的"全新发现"变得尤为突出,也更易于将核心思想传递给读者。"巴布亚新几内亚在哪里来着?奇小邪真让人怀念啊!"——在引发对方共鸣的同时,剩余一到二成的发挥空间全部用来填入新信息。即使自身并无太多新思想、事件或新信息的储备,一样能毫不费力地写出"有趣的文章"。明面上说是"要努力写出有趣的文章",但切勿陷入"不是百分百有趣就不行"的死循环里。实际写作中,能刚好达到"8 成共鸣、2 成发现"的效果就不错了。

以"共鸣"为切入点

"共鸣"是相当重要的元素。在搞笑表演中,"我也是这么觉得!有的有的!"之类的包袱,只要抖得够精准,基本都会反响热烈。无论身处哪个时代,"有的有的"存在感之强皆不容忽视。人类就是一种不断寻求与外界"共鸣"的生物。

酒会之后,恰好和一个不太熟的朋友同路。心想实在难以应付这种人情世故,于是便找了个借口"我顺便去趟便利店再回家"。不曾想对方却回道"啊,那我也一起去吧",马上像跟屁虫似的黏了过来,兴高采烈、大呼小叫的。

所谓"认生者必会经历的若干件事"正是如此。这些小故事要是讲得足够好,就能让读者认为"啊,他的感觉和我一样欸……这个作者实在不得了,很了解我嘛!"遂将全部信任托付于你。要写出有趣的文章,日复一日地积攒这类"能引发共鸣的经历体验"不失为好选择。"这种对话倒是没少听!""这类人还真挺多的!"多么细碎的内容都行,总之先提前记下来。我在编辑图书时,也会对"共鸣与发现"二者间的平衡留个心眼。比例可能是六四,甚至对半开,但总该明白"只有发现的书"读着累人,"光有共鸣的书"容易厌倦的道理。要一边思考平衡点在何处,一边推进创作!

同样,我们也得平衡好"满足读者期望的部分"和"超出读者期望的部分"。人的内心总会怀有隐性的"期待",比如"我希望堀江贵文这么说!""我希望东方收音机组合的中田敦彦这么说!"等等。想要说什么呢?读者们希望听到经典台词:"不要接电话!""开会是没用的!""别再绑领带了!"……这些期待应该得到回应,"趣味性"也是在这时产生的。正如水户黄门的故事里,印盒出现的时机是多么恰到好处啊!无心插柳柳成荫,它们都具备自己的价值。

要是读过商业书籍的话,会发现里面总有"请好好向别人打招呼"的建议。这句话简单明快、振聋发聩,大家真的说了很多年,也同样实行了很多年。有鉴于此,作者们就会担忧:"要是我现在还写它,作为内容而言绝对不合格吧?"非也,如果你敢于写出来,某种程度上还是对读者期望的满足,至少能让他们心情畅快一会儿。

大家若是想听"某人讲过的某句话",那写就是了。80%的商业书籍其实反反复复讲的都是一样的东西,无甚新奇,也无甚特别。但抵不过很多人就是好这口啊,他们读着就是舒坦,你能说什么?找励志类书籍看的人无非就是想听一句:"你的梦想终会实现!"寻求的就是一种心理慰藉,一种惯性依赖而已。追求独特、只讲新鲜事的书,是难以让读者为之动摇的。

"8成共鸣、2成发现"的规则似乎也适用于人际交往。我们害怕接近古怪、陌生的人，因为没有共同的话题，更无法产生共鸣。大部分人的想法应该颇为一致："挺有意思，但做朋友还是别了吧。"但是，如果对方有 80% 的内在和你完全一样，剩余的 20% 则颇为独特，行事清奇，你反而不会表现出抗拒心理，却会觉得："这人蛮有趣的，想和他交交朋友。"进一步呢？一个人要是和你几乎百分百复刻，那你就算愿意与之相处，也绝不会认为他是"有趣的人"。

写作领域自然如出一辙。充斥大量全新情报的文章，正如那个"行事超级古怪的人"，人气会出乎意料地惨淡。将 8 成的篇幅用于引发读者赞同："我懂我懂！""要重视打招呼对吧？""梦想的确会实现的！"之后，随即将笔锋转向全新的话题："人脉什么的都是垃圾！"独特的行文，必会让对方顿感："真是新奇！"

不必强迫自己写出"光洁锃亮"的全新文章，哪怕最终结论依旧老套，那又如何？如果故事情节足够精彩，旧结论也能开出新花；真正想要传达的内容，会随作者的不同而各有千秋。

将读者的吐槽往前挪一挪

充满趣味的文章、动人心弦的文章，必然擅于利用"共鸣"的力量。读者的感受若能与作者融为一体，便能轻松地沉浸于文章的世界里。本书其实也动用了这种手段：

写文章也太费劲了!

虽然有写文章的欲望,但之前从未动过笔!

写就写吧,刚开写没多久,思绪就混乱不堪!

  本书是从这几句话开始构思的,同样利用了"共鸣"的力量。读者看到这里,兴许就会觉得"难道说不擅长写文章的人也能动笔吗?""这家伙很懂我在想什么嘛!"等等,能较为轻松地将读者引领到情境中。务必站在对方的立场上看问题!作者要成为读者!这可太重要了。令人手不释卷的好文章,必定能将"共鸣"操纵得出神入化。

  一篇文章里,要是概念类描述过长的话,作者就能意识到"对方可能会表现出嫌弃情绪:'哎呀都知道了,赶紧教我该怎么做啊!'不过,设想阶段还没完呢,先不急,请允许我再补充说明一下……"当说明又臭又长如裹脚布时,作者能预想到什么?"或许读者会觉得过于冗长了吧。但这部分实在太关键,所以即便惹人烦,我还是得不断进行重复。"

  写文章就得这样,内心时时放着一套定式:"读者会这么想,对吧?但我这么安排是意有所指的!"遂领悟到应在合适的时间点上,将这些需要进行提醒的部分稍往前挪,以求让读者看得安心、看得舒心。像我写文章,就特别怕读者看到一半兴趣索然,无意继续往下。因此只能不断地做自我监督："这里会不会跑题？那里会不会消磨兴致？"

在看电视节目时，总会发现这样一种操作：当节目有让观众感到厌倦的苗头，他们就会通过改变话题，或者在大屏幕上打出"接下来居然有意想不到的展开！"等刺激性手段来竭力挽留。电视节目的制作班子为吸引观众留在频道内不换台，简直煞费苦心。普通人写文章自是不必如此拼命，但能以这种专业精神去打造文章，魅力值必会大幅上升。

想读者所想；以引发"共鸣"为导向写作；将读者可能会产生疑问的部分搬上台面，提前思考措辞表达与解决方案，先行一步主动提及，早发现、早处理。如此，必能打造一篇让人愿意从头读到尾的"有趣文章"。

好文章里有"副歌"部分

一首歌最能留给人印象的就是"副歌"部分。相同的道理,有趣的文章肯定也有"副歌"。副歌充斥着强烈的欲求:"我正想说这个!"能为读者带去极大的瞬间冲击。无论是10万字的巨著,或是140字的推文,"副歌"部分的存在与否决定了文章能在多大程度上显得有趣。

假设有这么一个段落:

不知是不是台风快要到来,低气压作祟之下的心情颇为沉重,脑子也转不过弯,没有工作的干劲。将台风当作无谓的借口,推迟应该完成的事情——本性就是如此懒惰,我不可能改得了的。

这种写法放在日记中尚可,问题是整段话都没看见任何"副歌"的痕迹，读者很难理解你到底想要表达什么。你看，要是把这篇文字拿给周围的人品读，问他们"印象最深刻的是什么"，能得到统一回答吗？我看不行，肯定净是些"开头的那部分""懒惰性格的那部分"之类的凌乱感想。没有"副歌"的文章观感是如此模糊，就像是在不知疲倦地反复吟唱主歌。

创造精神冲击点

那不妨这么改吧。

一场台风即将来临，现在应该是低气压。我的身体很沉重，脑子也转不过弯。遇上这种日子，我什么都不想做。工作自然是毫无进展。但，人类不就是一种为了片刻安逸而时时寻找借口的生物吗？

或许，我并不是因为台风将要来临所以丧失干劲；相反，只是想将自己缺乏动力的原因归咎于台风罢了。

后半部分正是"副歌"，应该会有不少读者认同这个观点！

或者你还可以这么写：

一场台风即将来临，现在应该是低气压。我的身体很沉重，脑子也转不过弯。遇上这种日子,我什么都不想做。工作自然是毫无进展。但,越是缺乏干劲的时候,越应该继续工作。做实事的欲望可以推进工作进度,自是不假;而若能在自己不想工作的时候养成坚持工作的习惯,那么"基础"就会变得更加稳固。越是缺乏干劲越要努力工作,是拉开与他人之间差距的秘诀。

"越是缺乏干劲的时候,越应该继续工作"这部分开始,就能称之"副歌"了。虽短短一行,却成功地改变了文脉走向,并与后半部的深刻认识无缝衔接起来。"这篇文章究竟想说什么?""哪里才是冲击人心的亮点所在?"要对文章的"副歌"多加留心,摒弃味如嚼蜡的平淡文笔,书写有趣的文章将不再是难事。

"当下断言"能营造趣味

顺着上文的内容继续聊,编排"副歌"时有个诀窍,那就是大胆"断言"。

人类不就是一种为了片刻安逸而时时寻找借口的生物吗?
越是缺乏干劲的时候,越应该继续工作。

如上，要干净利落地当下断言。这样一来文字的气势和力量就会无比庞大，随即化身为整篇文章的"副歌"。相反，如果这时你还扭扭捏捏：

人性有许多不同的侧面，但我们之中的大多数都倾向于去寻求简单的出路。若说寻找借口以求片刻安逸是人类的天性使然，想必并非言过其实。

如果没有干劲，自然难以将精力投入推动工作进度中去。但正是在这种时候，尝试坚持工作或许是个好选择。

要真这么写的话，就算表达的内容和前文无甚区别，却莫名地会让人变得焦躁。诚然，铿锵有力的断言或许会让部分读者产生不快，提出不同甚至反对的意见，但这也是很好解决的：只要在文中补上"当然不能一概而论"或者"可能也有例外"之类的表达，便万事大吉。

咖啡对我而言是不可或缺的存在，所以它或许是"人生的伴侣"。

↓

咖啡是"人生的伴侣"。

先发制人地断言是第一要务。鼓起勇气、直接明快地当下断言，必能增添趣味。

固有名词能让文章魅力倍增

不少人会这么想：为了让文章有更多人愿意看，固有名词能不用的话最好就别用了，普通平实的语句或许更能传达作者的思想——但事实恰恰相反，固有名词的加入反而会提高文章的吸引力。我很喜欢林真理子在《周刊文春》开设的连载专栏，名为《深夜跳绳》。她的笔下涌现出大量诸如人名、地名之类的固有名词，譬如说这一段：

我跑去新桥演舞场看喜剧了。中场休息时间，我正吃着幕间便当，后座却传来了女性的声音："我刚刚看网络新闻啊，上面说西城秀树去世了什么的。"万分诧异的我，不由得停下了筷子。

（选自 2019 年 5 月 31 日号）

专业毕竟还是专业，同一件事要是换作普通人写在日记里，估计就变味了：

这是我去看某场戏剧时发生的事。趁着中场休息时间吃便当的我听到了一段对话，说是西城秀树去世了。实在太令人震惊，我停下了筷子。

"新桥演舞场""幕间便当""网络新闻"等等，林真理子的专栏里会不断使用这些专有名词，毫无片刻喘息。从传递核心内容的角度来说，"新桥演舞场"这种词确实可有可无，导致很多人容易心存某种误解："不了解新桥演舞场的读者肯定就看不懂在说什么，以防万一还是去掉吧。"但这种精确到具体所指事物上的名词，恰恰是魅力所在。

别忌讳固有名词，有就要写出来。是说"午餐我吃的是中华料理"更简练呢，还是说"我去办公大厦1楼的巴米扬餐厅吃了一个拉面套餐"更带劲儿？两句话给人的感受是完全不同的，而后者更能触动心弦。

为文章引入"只有犯人才可能了解的信息"

说起固有名词，其实就是除了自己以外无人知晓的独家情报。不写"中华料理"而写"巴米扬餐厅"，不写"点心"而写"乡村妈妈"……不吝笔墨地花时间把它们写出来，必然会趣味横生。试想，单纯写"折扣券"哪有"日高屋超大分量服务券"来得有意思？务必大胆地使用固有名词，使之成为"只有自己才写得出来的东西"。

"各种各样"也罢、"很多"也罢，我极易厌烦这种缥缈的措辞。在可能的情况下，要尽量使用具体的名称与数字！

今天开了很多会，加班到很晚。

换个说法，改成：

今天在第一营业部就开了3场会，午饭时间又被田中课长一对一地耳提面命，下午还得和客户们开4场碰头会。打开EXCEL准备录入销售数据，这时指针已经指向傍晚5点，最后加班到10点才消停。

这种文章，真就只有自己才写得出来。

有一张DVD名为《绅龙的研究》，里面记录了岛田绅助[1]

---

1. 岛田绅助是日本知名搞笑艺人、主持人。

教导年轻搞笑艺人们该如何进行创作的情景。"什么样的表演才受观众欢迎？"针对这个问题，视频里有这样一段话：

如果现在走上舞台的，是ALL巨人[1]级别的行业泰斗，他说"前段时间我走在路上，不小心丢了钱"，听众们肯定会相信。为什么？因为很多人觉得既然是ALL巨人说出来的话，能有假吗？事实肯定就是这样！大家已经对ALL巨人产生了天然的信赖感，所以说什么都像是真的。后续想往表演里补充内容也相对容易些，整体听感必然变得有趣。

相反，要是台上站着个名不见经传的毛头小子呢？就算说"前段时间我丢了钱……"，大家也不会相信他，因为没有真实感。如此一来，整场漫才表演也会索然无味。

既然如此，该怎样做才能获得对方的信任？岛田绅助一语道破：得说些"可能只有自己才了解的事实"出来才行，类似于"只有犯人才可能了解的信息"。

前段时间我走在道顿堀街上，可能是刚下完雨的缘故吧，所

---

1. ALL巨人是日本著名漫才家，担任装傻（ボケ）的角色。

以地面还没干。猛地发现居然有人把一万日元纸币掉地上了！再说地面还湿湿的，纸币就像这样，贴得可紧了！

如此生动的描述，使得情景自然地浮现于脑海。即便讲述者是无名之辈，我也会相信他，而随后说的任何内容都将直接被听众接纳，整场演出会变得相当有趣。将只有自己才了解的情报全盘托出，不仅有了真实性的保障，而且趣味性也一样不少。文章同样如此！来看看这句话。"地面还湿湿的，一万日元纸币就像这样，贴得可紧了！"若不是身处现场的自己，又有谁能写得出来呢？换作你，会选择写简单的"我丢了钱"，还是具体详尽的"贴得可紧了"呢？只需补充这一星半点的真实性，全文所表现出的整体印象就会脱胎换骨。

"开头"就要让读者感受炽烈的铁拳！

虽然方才讲了不少有关编排"副歌"的细节，但仍旧不能掉以轻心。读者若是在"副歌"之前就合书走人的话，无论做多少前期工作都毫无意义。面对纷繁复杂的信息洪流，"在开头第一行就抓住人心"的做法最为有效。哪怕是描述相同的内容，从一开始就先发制人地让读者感受炽烈的铁拳，被阅读的概率也会大幅上升。

我极其关注"开头"的重要性，就算发一条 140 字的推文也不例外。此前吸引众人瞩目的若干推文,同样做到在"第一行"即先声夺人。

工资是麻醉剂。

工资总会固定在每个月的某天入账。倒也不是说自己能占多大便宜,但它能予人以安心感。所以,要下决心和它割裂开来并非易事,即便我打算要辞职,也得花不少时间做心理建设。钱太重要了。但是,时间更重要。对我而言,关键在于是否做出了"无怨无悔"的选择。

这段话先声夺人地抛出一句"工资是麻醉剂",极其有力。但光这样有可能会招致部分人的误解:"会有公司发麻醉剂当工资的吗?"(说不定真有这么想的呢)所以从第2行开始,就要进行详细的说明。有作者喜欢先在开篇事无巨细地讲解一通,最后再把强烈的关键句放出来。这么做当然无甚不可,但将顺序调换一下效果会更好。先卖个关子让读者吓一跳:"啥玩意儿?"后续再补充解说就可以了。

当然,并不是什么东西都适合用硬核方式来表达的,要斟酌"度"在哪里。"麻醉剂""杀戮""犯罪"之类意蕴强烈的词汇,不懂得怎么用的话只会引人不快。这种表达啊,其实就是"辣椒",注意别放多了!我们的目标不过是让读者瞬间瞳孔地震而已,就算想用也得精准投放才行。并且,在此之后得用理性全面、能够为读者所接受的内容圆回来,整套平衡才能起效果。

优先展示"带给读者的好处"

"读了这篇文章,能获得什么?"尽早展露这种"带给读者的好处",收效尤为显著。

善于工作的人与富人之间有个共通点,就是在"大胆表达自己的不喜欢"和"开门见山地道出喜爱之情"两种能力上表现甚佳。一般人总会过于在意对方的感受、忖度踌躇不已,畏手畏脚让自己张不开嘴,事后又要在居酒屋里大发牢骚:"为什么事情进展总是不顺利呢?"

善于工作的人,精通"坚持"与"淡泊"二者的平衡。他们可能会在自己如鱼得水的领域里表现出非比寻常的"坚持";在别的地方却秉性淡泊,敢于将事情交给别人去做,听从别人的建议。他们很清楚自己的精力该放在哪里。

读者若是读了这两段文字的开头,不免就会念叨:"是不是有写怎样推进工作的诀窍?""是在介绍如何成为富人的方法吗?"大家都会对符合自身利益的事物怀有强烈的兴趣,文章被阅读的可能性自然也就上升了。顺便，若是将这段话的顺序稍做更改：

一般人总会过于在意对方的感受、忖度踌躇不已，畏手畏脚让自己张不开嘴，事后又要在居酒屋里大发牢骚："为什么事情进展总是不顺利呢？"善于工作的人与富人之间有个共通点，就是在"大胆表达自己的不喜欢"和"开门见山地道出喜爱之情"两种能力上表现甚佳。

不难看出，经过这种处理的文章表现力被大幅削弱，读者可能一眼就忽略掉了。"看到最后你就能明白"的陈词滥调，在当今时代是行不通的。在网上投文章之前，得试着发挥一下想象力——穿过层层网络，坐在电脑前或是敲击着手机的人，他们到底在想什么呢？我该先说什么内容，才能引发他们的共鸣？要是打算写长文的话，就更得多留个心眼，毕竟这种篇幅的作品光靠开头那点刺激是不够的。要无时无刻在文中插入"副歌"，反复调动读者的阅读积极性。

没有转折起伏的文章就像是"基本款比萨"，顶多就只有芝士和酱汁，别无他物。你要说吃吧倒也能吃，至于有没有留下深刻印象那就是后话了。所以，为了能在食客的脑海中起码留个印象，往比萨里放的料就该选海鲜之类的，香料也要洒得均匀分散，让它看起来像是个名副其实的美味比萨。

有趣的文章中均匀安排"副歌"

基本款比萨

没有"副歌"的乏味文章

很微妙,读到一半就会厌倦

↓

用料丰富的比萨

"副歌"随处可见、久读不厌的文章

令人愉悦!读到最后都有新鲜感

让文章提升档次的若干技巧

怎样才能写出如用料丰富的比萨般久读不厌的好文章？下面就让我来介绍一下，除了"打造副歌"以外，还有哪些手段能让文章趋于有趣？

使用伴随身体感官的表达

自己费了好大劲儿，好不容易才找到目的地的沙丘，所以眼下只好将就将就。男人含了一口水壶里的水，然后又饱饱地吸了一口风，那风清明澄碧，可吸进嘴里却沙沙的。

这是安部公房著作《砂女》中的一小节。此处描述了一个男人为外出采集昆虫而赴沙丘的逸事，但唯独混杂着砂石的反胃空气感赤裸裸地传递给了读者。伴随着真实的身体感官，读者似乎也进入了这令人惧怕而不悦的飞沙世界。

有句话值得注意：

你将锡纸放入口中，用里面的大牙嘎吱嘎吱地嚼了起来。

光是看到这句话，厌恶感便油然而生。身体感官会直接反映到个体，代入感情也会变得更加容易。迷惑"不知有没有其他好的表达"的时候，可以试试用身体感官做实验，找找不一样的可能性，比如像这样：

面对高昂的价格，我十分震惊。

↓

面对高昂的价格，我惊得眼珠子都要飞出来了。

翻开书后偶然发现了这句话，颇为感动。

↓

翻开书后，一句话突然就抓住了我的心。

细细读之，便会感到自己身体的某处似乎也随文字一同呼与吸。尝试在文章中引入类似手法，应该能变得更加有趣。

有效地利用引号

我是经常使用引号的。引号的功能大体分为两种：一是用于自言自语与对话，二是用作分割与强调。

今天听到了一种令我大呼"的确没错"的概念，那就是人之所以会精神崩溃，绝非忙碌或不安所致，而是"不清楚自己该去向何方"的迷惘，让心灵失去了坚定。明确自己的目标，切实地向前迈步，就算生活多少有些忙碌，也不会妨碍身心的健全。

第一个"的确没错"算是自言自语。使用引号将自言自语与对话放入文中，能唤起读者的共鸣；后者"不清楚自己该去向何方"则为强调用法，引号的目的是把它和其他部分区分开来，这里才是重点。由此，读者的阅读视角也会在此停留，细加端详。相反，如果没有引号：

今天听到了一种概念，我认为它讲得的确没错。那就是人之所以会精神崩溃，绝非忙碌或不安所致，而是不清楚自己该去向何方的迷惘，让心灵失去了坚定。

整段话给人的印象尤为冗长，也搞不懂你想强调哪里。

过犹不及，还是得提醒一下：虽然使用引号起效极快，但注意别使用过度。滥用不仅会使效果逐渐递减，而且文章会变得杂乱无序。

成为比喻的高手

"比喻"能使文章更显魅力。不必强求读者做抽象的理解,而通过在脑中建立印象并形成实际感受,借此让读者产生相应的理解。来看这篇文字:

因为想和一个优秀的人共事,所以就拼命地去接触他?没有这个必要。即使你在讲座或访谈活动中向其寒暄问好,也不可能得到任何工作。大人物都"浮于云上、居于山巅遍野"。就算跑到山脚下,他们也根本看不到这边的景象。大家能做的只有"爬好自己的山",坚持不懈地磨炼技能。心无旁骛地往高处攀登。而穿破云层之时,大人物自然就会找到你。让我们"先爬好自己的山"吧。

中心思想并不复杂，就是"不必刻意接近优秀的人，而应磨炼自己的技能"。但用山来做比喻，显然会更形象生动。单纯以抽象的描述结束全文，不会掀起读者心中的波澜；但看到"山""云""山脚"等等比喻，则必将使读者产生醍醐灌顶之感。

绝妙的"比喻"是创作的一部分。

悠久的历史长河中，试问有什么新思想、新理论、新方案没被提及过呢？即便想要标新立异，依旧难于登天。像刚才所说的"不必试图刻意接近优秀的人，而应磨炼自己的技能"，估计总有人提及过吧。但是，若找寻到具备个人特色的"比喻"，旧概念也能进化为新思潮，化身为专属自己的独有内容。这就叫作个性。

寻找结构近似的内容并提前积累

怎样才能成为"善用比喻"的作者？第一要务便是培养条件反射："这个概念是否和其他概念相似？""这里该作哪种比喻？"每天发推文的时候，我也不忘保持思考的习惯："这句话有没有更好的说法？"

我深切感受到了"速战速决"所拥有的价值。花的时间越多，最后期限也一再延迟，时间本身是会生出"利息"的。借

100 元能还 100 元的话倒还好，但这个数字往往会攀升至 120 元甚至 130 元。

无法速战速决的人，将因时间的利息被摧残得负债累累。

这段文字正是出自对"金钱与时间在概念上似乎挺相像"的领悟。好比收到邮件，明明当下回复"了解"即可，但拖个两三天的话就不得不补充一大段多余的说明了："现在才答复您十分抱歉，这几天我做了什么什么……"，与借钱后迟于还款、徒生利息颇为相似。

"10 年后，我要把这里变成森林！"若是这么想，现在就必须开始种植树苗。但是自己无法确信，或是被不安情绪主导，所以便想着"要是某天这里能变成森林就好了啊"，却不付出任何行动。如果将目光放远至 10 年后，那现在还不快点种苗？森林可不是一日长成的。

成就一番大事，正如需要耗费大量时间才能长成的"森林"，我觉得二者还挺相似的，所以拿来写了条推文。用作比喻的事物与论点相似的部分越多，读者的接受度就会更高。

试着用半径 3 米内的事物做比喻

进行比喻表达时，要是越多人能想象到你所借用的事物，效果肯定越好。如果可能，尽量以半径 3 米内熟悉的对象为准，这样更能让大部分人代入感情。

一个没有规则的组织看似自由奔放，但却处处充满压力。就像一个没有信号灯的十字路口，每个人都得时刻小心翼翼，前进或者停下，无不胆战心惊。这种组织里常用的套话基本就是："我们会一件接一件地处理好的。"所以，待在里面完全没法让人安心。

这段文字引用了"信号灯""十字路口"等身边事物来辅助论证。当我们想进行讲解的时候，不妨先想想看"它和什么东西比较像？"

顺带一提，在比喻句里出现次数最多的东西，应该就是瓶装饮用水，毕竟开会时座位边上基本都有它。来，发散一下思维："比如说这瓶水，要是我把标签隐藏起来，你应该就不知道它的产地在哪里了，对吧？""这不过是普普通通的水，但换作以前，你能想到它居然会变成待售商品吗？"等等，什么道理都能讲一讲。所以说在广告创意界，瓶装水这个东西拿来做比喻都不下五万次了。

我在看电视或电影时，一旦脑内冒出"这个似乎跟那个有点像啊"的感受，就会马上用笔记录下来。我在很久以前看过一部纪录片，主题大概是去探访原始的神秘部落。工作人员在接触部落时得用当地的语言说"你好"，打招呼是极为重要的。若不这么做，就会被部落居民视作敌人并受到攻击。

看到这里，我就不免想到："我也会对在公司里不打招呼的人怀有敌意，这个感觉还蛮类似的。"随后做笔记："如果不打招呼的话，会被视作敌人。"像这样没事儿就记录一下，真要写寒暄相关话题了，也能随时拿出来用。

单纯向对方描述"打招呼是很重要的"，只会招来一句："我肯定知道啊，你这个笨蛋！"但你要是说："连未开化的部落，都会将不打招呼者视作敌人。招呼寒暄果然是世界共通的友谊增进工具啊！"这样写不仅更有说服力，也会成为作者的原创特色。

有时调整顺序便能让文章改头换面

前面讲过"要从结论开始写文章""开头就要让读者感受炽烈的铁拳"等等。近来各种消息不断冲击着视野,若不尽早将想表达的内容讲出来,那根本无望传情达意。而另一方面,要是想先吊着读者的胃口,把结论部分往后放一放,有时也能加强其印象。换言之,最重要的其实不是机械地模仿"结论就该放在最前面"的做法,而是要一边观察读者的心理走向,一边决定该以何种顺序编排文章为好,这是必须时时思考的问题。

只需调整"顺序",文章所展现的魅力就会大有不同。假设有这么一段:

结婚那天早上,父亲对我说了句:"真是太好了啊。"

> 父亲沉默寡言，生性顽固。
> 我去东京的这 10 年前后，未曾与父亲说过一句话。

作者最想说的应该是结婚那天早上的事，所以才会编排这样一个顺序吧。但是，由于这个场景出场太早，草草带过，反而没给读者留下多少印象。随后宛如在做拙劣的补充："啊，这个父亲呢，本来是不怎么爱说话的人，嗯……"说实话，观感颇为尴尬。

那我们调整一下顺序，再看看。

> 我去东京的这 10 年前后，未曾与父亲说过一句话。
> 父亲沉默寡言，生性顽固。
> 正是这样的父亲，结婚那天早上对我说了句："真是太好了啊。"

沉默寡言的、大约 10 年未有任何对话的父亲，却唯独在结婚典礼那天早上，开口对我说了话。光这么想象一下，就能体会到故事的真情实感。虽是相同的内容，但后者的"真是太好了啊"显然分量更重。将想说的话或者结论特意放到后面，先前埋下的伏笔都将在那一刻全部揭晓，感动油然而生。

用"共鸣→发现→感动"引导分享

想增加阅读量的话，其实有个公式，那就是"共鸣→发现→感动"。

我在做一份工作，专为一家名为"识学"的咨询公司做信息宣传方面的技术支持。作为工作的一部分，我曾协助他们在《日本经济新闻》上打了整个版面的广告，并负责文案的撰写。细节如下，由于它实在太符合"（结论→）共鸣→发现→感动"的规则了，所以特地在这里进行介绍。

要重视员工。

想必世上没有哪个经营者会说自己是"不愿意重视员工"的人吧？然而，在危急时刻，有必要再度审视"重视员工"的真正意义是什么。"重视员工"是否意味着让员工轻松自在地工作？或是说努力激励员工，给予员工梦想？

也许并非如此。所谓"重视员工"，是要让员工掌握得以生存下去的成长力量，仅此一途。

正因为父母重视孩子，所以才不会溺爱孩子——管理也是这样。无论时代变得何等严峻，培养人、培养组织，让他们持续地生存下去，是永恒的追求，也是我们所坚信的。

领导的工作不是来提高员工满意度的。身为领导，就应该为员工的成长负责。我们渴望继续成为真正重视员工的管理者的长久合作伙伴。

这就是我们"识学"的心愿。

开头的"要重视员工。"为最想表达的内容，而后面紧接着用以抓住读者内心的"共鸣"部分。

想必世上没有哪个经营者会说自己是"不愿意重视员工"的人吧？然而，在危急时刻，有必要重新审视"重视员工"的真正意义是什么。

开篇就写"要重视员工"，看到这里不少经营者肯定要嗤之以鼻"这不是当然的吗？""现在才知道这个道理吗？"；可能也有愤慨者会表示："现在这么不景气，你这漂亮话还能说多久呢"等等。所以后面就要引出共鸣："我想世上没有哪个经营者会说自己是不愿意重视员工的"，再呼吁读者们一起"再度审视重视员工的真正意义"。

接下来就是"发现"了。光是让读者们产生共鸣是很难在心中留下痕迹的，必须得有触动人心的"发现"。于是，文章这样往下走：

"重视员工"是否意味着让员工轻松自在地工作？或是说努力激励员工，给予员工梦想？

也许并非如此。所谓"重视员工"，是要让员工掌握得以生存下去的成长力量，仅此一途。

重视员工并非溺爱放纵，而是使其掌握生存下去的力量。对于这一定义，或许部分经营者也会有相同的心得"发现"。

最后该用"感动"收尾了。其实用"发现"来做结尾也不差，但还不至于"让人想表达""让人想分享""让人想反复品读"。所以，这里要不显浮夸地让读者产生感动之情。

正因为父母重视孩子，所以才不会溺爱孩子——管理也是这样。无论时代变得何等严峻，培养人、培养组织，让他们持续地生存下去，是永恒的追求，也是我们所坚信的。

领导的工作不是来提高员工满意度的。身为领导，就应该为员工的成长负责。我们渴望继续成为真正重视员工的管理者的长久合作伙伴。

这就是我们"识学"的心愿。

以这种方式来写，必能给予读者会心一击，留下强烈的印象。

无论是餐厅还是按摩院，只要做到了让众人"感动"的程度，随后必能口口相传。不仅是惊喜与发现，当自己享受完服务走出店门时，就会特别想要大呼"这家店真是太棒了！"等到第二天，全身神清气爽，便想要说："那里的按摩手法确实厉害啊"等等。一经感动，必有分享的欲望。

需思索"我希望读者产生何种感情"并推动长文的撰写

许多人都会哀叹"我不擅于写长篇文章"或者"我写的长文没人愿意看"。确实，想让人将长篇文章一字不漏地读到最后，其难度绝非尔尔。不过，若是在编排文段时保持思考："读者现在的感情会如何？""我想让读者到最后处在怎样的情绪中？"如此一来，即便是长篇文章，也总有人愿意从头看到尾。

我写作时，同样会花时间考虑"我想让读者到最后处在怎样的情绪中？"当有了明确的读后感，那只管从后往前推演、创作文章就行了。

迪士尼乐园中有各种不同的游乐设施，路上还会有巡游表演。玩到一半要是累了，可以到餐厅里休息一下。归途中烟花升起绽放，顺便买点不错的纪念品，游客们沉浸在美妙的余韵之中。如此，一天下来都不会感到厌倦，而且回去之后也会愿意向朋友们分享这趟美妙旅程。一本有趣的书就像是迪士尼乐园，无论多长也读不厌，每个章节都是趣味横生的"游乐设施"。觉得"厌倦了"或者"看得有些累了"的时候，就在这里准备个小惊喜。在终章或者后记的部分，则酣畅淋漓地使之感动——之后读者自然也会向他人推荐："这本书挺不错的。"

何种标题,能在 0.2 秒内吸引读者?

本章最后一部分,我打算聊聊"标题"。书籍肯定是有标题的,尤以商业书籍的销量最受标题所左右。Note 也好,策划案也好,乃至邮件,文章的"标题"绝对是重中之重。

与一篇文章的相遇,最初契机便是"标题"。人在粗略浏览推文的时候,只会无意识地用约 0.2 秒时间,判断这篇文章"我要不要看"。也就是说,我们必须用这 0.2 秒在读者脑中留下"这是什么"的好奇印象才行。那么,我们该起什么样的标题呢?

标题要让"不明就里的读者"恍然大悟

早前,《赫芬顿邮报》日语版的主编竹下隆一郎先生曾经找到我,想聊一聊给新书起标题的事。他讲,"我想给现在写的书取名为《☆之人脉术》,您觉得怎么样?"

听到这个标题的瞬间,我的第一反应是"嗯?"随后问他:"您这个星星是什么意思呢?"他如此回答:"未来的趋势是,我们不必再和各种各样的人交朋友了。不用勉强自己去接触难以相处的人,只管和符合心意的人打交道就行。所以,这本书是想教大家怎样抛弃那种与任何对象都保持同等距离的'圆形'关系,而去建立距离因人而异的'星形'人际关系。"

听到这里我才恍然大悟:"原来是这样!确实如此!"但问题还是存在的:恐怕这会让不了解内容的人感到莫名其妙、不知所以。如此,很有可能在不经意间就会被读者所忽略,危险性着实不低。

对于了解文章内涵的人来说,《☆之人脉术》的标题能轻松地心领神会;但拿起书来尝试阅读的,却恰恰是"完全不知道文章要讲什么"的人群。所以,得起个让"不明就里的读者"都能恍然大悟的标题才行。道理虽如此理所当然,但在编辑和作者无数次气氛热烈的沟通之下,往往会无意间陷入窠臼。

回到这本书,若要让我来取书名的话应该就是《苦于交际者的人脉拓展法》或者《内向者的最强沟通技巧》这种感觉的吧。看到这样的标题,就算是不知道书籍内容的路人,前来了解和阅读的概率也会大些。想必,有不少人正苦于"自己明明很认生,但因为从事营销行业而不得不拓展人脉"的烦恼;再说这种标题也容易勾起"是我就挺想买了"的欲望。（最终，我们敲定的书名是《送给内向者的斯坦福式精确人脉术》。）

网络平台上的文章同样如此，倒不如说竞争更为激烈。一本书只要装帧和腰封设计还在水平线上，即使标题不算优秀也尚可补救，但网络世界没有所谓的门面，大家都靠标题一决胜负。无论你写得有多认真，若标题让人不明所以的话，最终难逃被读者视而不见的命运。

入口式标题与出口式标题

在讲解上述内容时我会用这种说法："来起一个入口式的标题吧。"无论要策划书籍还是网络文章，它们都存在入口和出口两种概念。提出书籍方案，大呼"让我们从这里开始吧"的阶段正是"入口"；经过调查、取材、执笔撰写各个流程一环套一环，最终将其尽数输出的阶段则为"出口"。

不少作者会犯的错误就是用"出口"的基准去起标题，也就是把自己在取材和撰写期间获得的知识与感想直接反映到标题上。但是别忘了，读者现在连入口处都还没找到呢！这时即使听到"出口"式标题，也只会一头雾水吧。在决定标题之际，让那些完全不了解策划的人、毫无兴趣的人也产生"这是什么""真让人在意"的感想，是尤为关键的。

出口式标题毫无吸引力

策划的入口	入口式标题
苦于交际者也想增加人脉该怎么做？	《苦于交际者的人脉拓展法》
长久以来的人际交往术，都教导我们要和各种各样的人打交道；但是，今后不用勉强自己去接触难以相处的人，只和符合心意的人打交道就行。	
策划的出口	出口式标题
抛弃与任何对象都保持同等距离的"圆形"关系，而去建立距离因人而异的"星形"人际关系。	《☆之人脉术》

避免选择总结式标题

也有人会在标题上选择用总结式模板。"用一句话概括，这篇文章到底说了什么？"他们在思考着这个问题的同时决定了标题。但这样一来，标题就容易变得极为含糊，缺乏尖锐的指向性。这种标题自然无法吸引眼球，文章无人问津也在情理之中。

有一本书叫作《卖竹竿的小贩为什么不会倒？》，不必赘述，作为在日本出版史上创造出空前纪录的超热门作品，可谓人尽皆知。这本书，若我用总结式手法给它取个名，估计就变成《最简单易懂的会计知识教程》了吧。这个标题并不能说有何不妥,至少对那些想用最通俗的方法了解会计相关知识的人,还是很合心意的,估计能卖个几万本,但想超过百万本就不太可能了。

其实,竹竿小贩的故事不过是该书诸多主题中其中一条而已。然而正是将"最耐人寻味的部分""最引人兴致的环节"大胆放到标题位置的操作,让它所面向的市场规模急速扩大到十倍以上。对竹竿小贩的兴趣成为一处入口,最终也有超过一千万读者得以学习到会计的知识。

《最简单易懂的会计知识教程》(总结式)
↓
《卖竹竿的小贩为什么不会倒?》(最耐人寻味的部分)

这时可能就有人要说了:"什么嘛,这不就是标题党吗!"确实,这种标题并未将文章所有内容呈现出来,所以从某种意义上讲或许是"标题党"。但问题是"标题党"所批判的,是文章内容与标题完全不相符、使人读之大失所望的作品。如果成了那种"标题党",必会降低自身可信度。而反过来说,要是文章内容上佳,并且读者最终确实学习到了会计知识,读者自身受益,即便再怎么"标题党",也起码是个好的"标题党"。

特意使用能引发读者兴趣的标题并使其深入人心，原本难以传达的消息也将畅通无阻；明确"我究竟想要表达什么？"并精准无误地将其传递出来，也绝对是第一要务。核心内容如果缺失，表面功夫做得再好也无济于事——在思考标题时，应提前带上这条附加条件。

第4章 总结：
这样做，文章便会趣味横生

01

意识到"副歌"和"共鸣点"的存在并构建文章。

02

在文中运用"比喻"手法，并对引号和粗体进行有效利用。

03

采用"共鸣→发现→感动"的路线。以迪士尼乐园为目标！

04

取一个让不了解内容的人也能产生兴趣的标题。

章节小专栏 4：严禁滥用！如何写出一篇"洗脑文"？

至今为止我写过不少商业和实用类书籍。与小说和散文不同，这些书的创作目的是激发读者的真实行动。在撰写它们的过程中，我发现了一些能够"洗脑"……这个说法听起来不太好，就是能够鼓励读者付诸行动的写作小技巧。下面我就准备给各位讲讲这些技巧的细节，当然了，严禁滥用，大家都懂。

想让自己的句子感动人心，就得巧妙地将"共鸣"与"梦想"交织在一起。感动只是最终效果，而在此之前的准备阶段，应当努力唤起对方的共鸣。好比那些算命的也会说"你不太善于言辞对吧？""你现在并不幸福对吧？"边交谈边引发共鸣。这么一通下来，他们自然会开始觉得"啊，这个人理解我！""这个人讲的话或许值得听听。"就是现在！你要向对方讲述"梦想"，就是展示出"变成这样的话就好了呢！""你难道不想变成这样吗？"之类的。

若是一本鼓励减肥的书，这样写就能吸引读者：

每天早上，我都从床上飞身跃起，只因我特别期待这一刻。身体宛如儿童时期般轻盈无比，想着要早些和某个人见面，心里直发痒。进餐尤为美味，活动身体也令人心情舒畅。相比肥胖时期，现在我更愿意梳妆打扮，能享受到十倍于以往的欢愉。

让读者做梦，让读者羡慕，让读者嫉妒。使其觉得"啊，能变成这样的话就好了！"。因为文中已经反复地向他们强调："快来和我一起，真的特别棒！"不过，当让读者羡慕得不得了的时候，他们又会开始这样想——"等等，我的话，做不到啊。我变不成这样。这个人能实现目标，不过因为是他而已。"不要停！赶紧二次唤起他们的"共鸣"：

现在的你或许会觉得"我是做不到的"，但是请放心。5年前的我和你一样，面临着同样的状况，也曾质疑过自己"根本变不成那样"。

这样写就能拖住读者的思维："哎？这个人原来之前和我一样啊。"用"共鸣"与读者站在同一立场上，讲述梦想。若遭到质疑，则马上加入共鸣元素并继续讨论。在紧紧抓住读者内心的同时确保文章的稳步推进，必将打造出动人心弦的文章。

举一个例子。身为一场"奇怪研讨会"的举办人，现在的你希望能有听众前来参加活动。这时，如果你能写出这样一篇文字，就能够吸引人参加了。

你的脑海中是否闪现过"我想改变人生"的念头？人生只有一次。日复一日地坐在办公桌前重复着平淡无味的工作，是否你也曾厌倦："5年后、10年后的我，也依然要过着同样的生活吗……"【共鸣】

初次见面，我是"奇怪研讨会"的××。

我每天都快乐无比，只因我不需为金钱琐事发愁，心血来潮时也可以随时出国来一场说走就走的旅行。今年我已经去过两趟夏威夷了——如果听起来太嘚瑟了，那非常抱歉，但这确实没有什么特别。【梦想】

和正在阅读这段文字的你一样，3年前的我面临的状况无甚不同。挤在满员的电车里摇摇晃晃，被上司责骂，向客户道歉谢罪……我受够了！

正当这时，我发现了这个研讨会。"总觉得很蹊跷啊，这是那种时髦的自我启发研讨会吗？"一开始我半信半疑地加入了团队，但如今回想起来，真心觉得那是我所做过的最明智的决定。短短 3 年时间，我便拥有了真正幸福自由的人生。【共鸣】

若你能相信这篇文章所说的内容，那我向你保证，一个截然不同的崭新生活正在等待着你。生命明明只有一次，还要继续这样心怀不满地生活下去吗？还是说以此为契机，峰回路转，让自己的人生更为精彩？决定权在你的手中。【梦想】

不必客气，欢迎随时与我对话。我期待着你的到来。

怎么样？效果还行吧？

呼吁喊话的时候不要用"大家"，而是用"你"这类词汇。虽然是很琐碎的细节，但是特别重要。这是在创造一种氛围：我是在和眼前的你说话哦！引发共鸣后再以"变成这样的话会很棒"引导出梦想，进一步烘托强化共鸣的效果。

最后补充一句，实际上真的会有坏人用这种伎俩吸引你去参加"奇怪研讨会"什么的，所以请务必多加留意，切勿上当。

第 5 章
成为写作高手第 5 步
突破"疏于坚持"的困境

站在岸上学不会游泳

前面有关该怎么写"有人阅读的文章"和"有趣的文章"的话题，我已讲过不少。不过，无论我们往脑里塞多少写作诀窍，唯有"实际将作品写出来并让大家看看"，才能真正磨练自己的技能。就算凑巧有一次写得不错，但不坚持下去的话，亦不能完全掌握写作的真谛。就跟看了无数本滑雪教程一样，看得多并不等于就滑得好。不实际地去滑上几次，在摔倒与磕碰中吸取经验，滑雪技巧必然不能得到提升。

"话是这么说，但我真没办法坚持写作啊……"
"该怎么做才能形成写作习惯呢……"

我极力向这种人推荐"发推文"的做法。

有人可能会笑出声来:"什么啊,就这?"当然不会这么简单。那该做什么呢?请务必编辑出结构完整合理的文章并投稿,还要反复用PDCA[1]的标准去做品质管理。再没有像社交平台的推文那样,只需合理使用就可极大提升文章写作水平的好工具了。

与其长篇文章"全程马拉松",不如先从推文的"散步"开始

如果说撰写书籍等长篇文章是"全程马拉松"的话,那么在Note或博客平台发表的稍长文字便可称作"慢跑",推文一类的精悍短文就是"散步"。

想把马拉松完整地跑下来的人,平时会坚持练习慢跑甚至散步。而每天连散步都不愿意动一动的家伙,要是突然让他去挑战马拉松,是会撕裂跟腱的;写作的道理也差不多。写不好短文的人突然说要去写长篇文章,极其危险。无论再怎么强调"我想写的不是推文这种东西,我要写正儿八经的文章!"那也请先从"散步"开始做起吧。

---

1. PDCA(Plan-Do-Check-Act)即循环式品质管理,针对工作品质按规划、执行、查核与行动来进行管理,以确保可靠度,达成目标,并进而促使品质持续改善。由美国学者爱德华兹·戴明提出,因此也称"戴明环"。

当在推特上发现"这就是我想要的感觉"或者"写这种题材的话我会非常轻松愉悦",那下次就可以将这个主题挪到 Note 或者博客平台上写写看。Note 和博客一旦广受欢迎,网络媒体和出版社很快就会找上门,随之而来的就是撰写长篇文章的机会了。

请勿试图直接挑战长篇文章,而应按照"短文→稍长文章→长篇文章"的顺序一步一个脚印,在书写水平稳步提升的同时,切实地掌握写作能力。

要像"出世鱼[1]"那样从小培育到大

每当我脑中闪过灵感时,就会马上用手机做个笔记。

反正 50 亿年后地球要被太阳吞噬,让我们友好相处吧!

这是我前些日子做的一条笔记。当时我看了一本有关地球历史的书,书里写着这么一句话:"50 亿年后地球会被太阳所吞噬。"我马上就想到:"从整个世界来看,国家之间时时冲突剑拔弩张,但无论怎么争都好,地球始终会消逝在太阳的吞噬之中,所以大家搞好关系不行吗?"

---

1. 日文中鱼的名字会随着成长而改变。

当想到些什么的时候,思考"这样写的话或许有一天能用上"并提前写下笔记。其中当然有不少素材过后就忘了,但另一方面,随着思维的推进并与其他素材进行有机结合,生出完整的可用内容也时而有之。自己觉得"写成这样已经足以引发反响",那就整理成 140 字发推文;前来点赞的数量如果理想,那下一次就再拎这个题材到 Note 里详细说说。我所采用的,正是这种"笔记→推文→博客"的方法,如同"出世鱼"那样从小培育到大。

灵感如"出世鱼"般不断成长

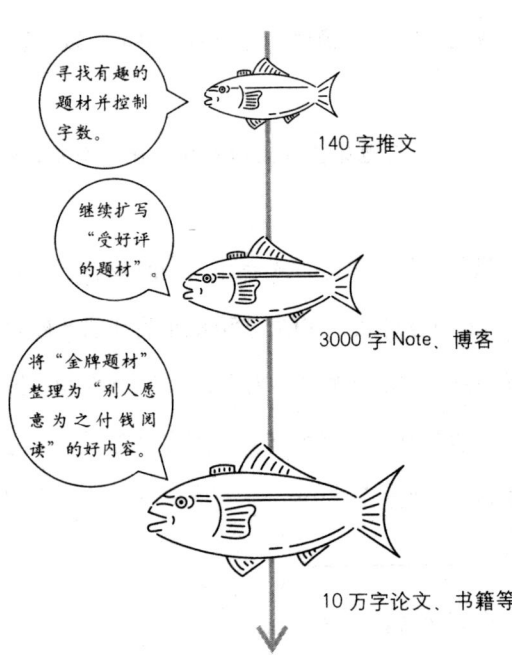

上来就在 Note 或者博客里写 3000 字的文章，是很辛苦的。再说，要是辛辛苦苦写的东西没人看，还要接受精神上的双重打击。要先用推文做好"市场调查"，挖掘出"受欢迎的话题"后，再考虑去写长篇文章。

推文是"超市的试吃区"

推文平台里的时间线与"超市的试吃区"很像。细小零碎的内容段落被编写成文，顾客们一边观望，一边品尝评论"嗯，这个挺好吃的啊"或者"这个一般般"等等。内容做出来了，就先把它放到"试吃区"里吧。顾客会帮你判断这篇东西是否真的有趣。

诚然，纷繁复杂的信息洪流在不断增长，竞争激烈几乎是必然的。但如果你不买彩票，就永远不可能会有中奖的机会；不进入这个领域试试水，你就永远无法将自己的思想传播出去。切勿放弃，坚信"自己总有什么可说的"，持续的努力将会得到意想不到的回应。在你看来稀松平常的事情，却有可能会意外地被大家评价为"有趣"；写作也能为我们带来新的见解。从一条推文开启的对话，最终或许会成为有趣的方案。无论如何，先从让大家"试吃"开始做起吧。

粉丝是最强的编辑

和作家不同，普通人是没有负责的"编辑"的，没有专业人士会对你说"这个挺有趣的"或者"这个还差点意思"之类。但要是写推文就不一样了，粉丝会帮你履行"编辑"的职责。要是发的推文毫无反响，就证明这条内容"并不是那么有趣"；被转发了，那就是"写得极好，我想要分享给更多人看"；只有点赞，就等同于"写得还凑合"或者"我知道了"。虽不能像出版社的专业编辑那般给出详尽的反馈意见，但用来证明是否内容有趣已经绰绰有余了。粉丝既是在屏幕那方观望的读者，也是"编辑"。

屏幕那方的人究竟在想什么？

当我们将内容传播出去时，要知道屏幕那方有着活生生的人。

这群男女到底在想什么？会有何种反应？在传播时将这部分细节纳入考虑，文字会变得更有力量。

辞职后容易将人生与工作画上等号。肉体上确实已获得自由，但思想上却无意识地沉浸在工作状态中。那些想要获得解放、重新独立的人，若非真正喜爱工作，那将会非常疲劳；"工作凑合做做，想要好好休息一下"的人，反而更适合当上班族。

起初，你认为这条推文中"辞职"的部分应该会引发较多反响，所以才发了出去，因为那会儿正好是盂兰盆节假期，和许多人思考着"要不要辞职，怎么办才好呢"的时间段恰好重合。他们在老家漫不经心地打开推特随便刷刷，"辞职"的字眼却突然映入眼帘，岂有不被吸引点击阅读的道理？一切尽在计算之中。结果倒也不出所料，许多人对此有所反应。

我们在发推文的时候，一定要斟酌"现在大多数人正在思考什么？"透过屏幕揣摩屏幕那方的心中思绪，再面向他们发出自己的声音。除了推文，我在写其他类型的文章时也会多想想："这个要是放到推文的时间线上，能炒热气氛吗？"如此一来，我们自然就能写出契合"需求"的文章来。

别人的推文若是反响热烈，思考"为何这条会如此受欢迎"

也是学习的一部分。要自行去分析"是因为有趣吗？""是因为实用吗？"等等，形成自己的见解。这或许也能成为提醒自己该写些什么的重要手段。

写作是孤独的……才怪

有一种观点说，"写作是在与自己的孤独进行抗争。"面对着草稿纸和电脑，将零散的文字有序地编排起来。在这种孤独的战斗下，诞生的文章是有分量的。但不可否认，社交平台时代的到来，也创造了全新的写作方式。发推文是写作，回复推文是写作，连生日祝贺留言也是写作。而我认为，写作就应该像这样，多一分自由与轻松。

自从社交平台出现，我们甚至能够进行团队共同协作。一个人闷在空荡荡的房间里，想持续输出优秀、受欢迎且通俗易懂的文章是很难的。既然现在我们有了社交平台这种工具，共同进行文章创作又有何不可呢？"写作是一种颇为麻烦的差事"，这种固有印象是时候改观了。文章不必长，不必华丽，甚至不必单独去完成。

我们还需要改变由来已久的"交货主义"认知。此前，写作一直都是"在全部完成之前都停留在作者脑中的东西"，直接交货就行；但从现在开始，我们在起草准备阶段即可向大家广而告之。让文章在"测试版"阶段得以向多人展示,作品自此也将不断完善并趋于完美。让我们摒弃"交货主义",而成为"改良主义"的拥护者吧。

社交平台的诸多优点

推特只是一种工具,而它会成为"武器"还是"道具"完全取决于如何使用,好比一把小刀既能伤人也能削苹果皮。如此明智的你,肯定想200%有效利用推特这种工具吧?

我并不是在给推特打广告,但通过掌握发推特的习惯,获得的好处着实数不胜数。

我能想到的一些优点

①能获得敢于发出声音的勇气

推特能让你获得"发出声音的勇气"。发推文会出现跑题的情况,会有被无视的风险,会让职场人背地里说三道四,也有可能成为酒会上的谈资。但与这些消极因素相比,能获得的好处显然更多。若过于在意他人的目光，将一事无成。坚持不懈地发推文，以获得"发出声音的勇气"吧。

②能学会控制自我意识

发推文多少会掺杂自己的"主观情绪"。要是自我意识太强烈，发推文也会笨手笨脚的，有些人甚至会因为害羞而想要删除。不过，如果不能克服这种心理障碍，将无法掌握写作能力。当你习惯于发推文，自我意识也将得到较好的控制。

③掌握市场营销能力

哪些内容受欢迎，哪些没人气？用怎样的词汇和表达才能获取关注？通过每天发推文，就能培养出这种"市场营销能力"。耗费心力创作的推文顶多就两个赞，随心所欲的推文却意外爆红……当你不断积累这种经验体会，市场营销能力也将持续提升。

④能感知共鸣

和③类似，一篇受欢迎的文章是需要共鸣的。能让读者大呼"我懂我懂！"的文章，必然是受欢迎的文章。尝试通过推文观察众人的反应吧。

⑤掌握文章构成能力

即便是相同的内容，受欢迎的程度也会根据构成的变化而不同。"一句一句简短地写更好""开篇第一句就吸引眼球更好"等等，将先前提及的所有要点放到推文中试试看吧。

⑥拥有复制学习能力

想要掌握"强力词汇"、震撼人心的表达技巧,发推特是最有效的训练方法。并不是使用的词汇越刺激,展现的效果就越好。要时常考虑"怎样才能让推文的内容更加深刻有力",同时进行词汇的选择。

⑦打造出文章的节奏韵律

虽然"A 是 B,B 是 C……"这种句式人人都在用,但总是用它难免会单调。尝试更换成"A 是 B,B 更是 C"或者"A 乃 B"等等,创造令人愉悦的节奏感。发推文将有助于这方面的练习,若短文能够得到足够的训练,长文自然也就不在话下了。

⑧掌握思考力与洞察力

前文反复提及"有趣的文章,其内容本身就很有趣",这一点在推特中体现得尤为明显,内容无趣的推文根本传播不开。时时思考"该用推文发些什么呢?"在日常生活中停下匆忙的脚步,养成对极细微事物的敏锐感知。这样,自身的思考力与洞察力都将得到提升。

⑨获得调查能力

无论你打算用推特发什么,"推文面向公众"这一点是永远不变的。发推文在某种程度上也承担着一定责任,由此可促使你事先做好详尽的调查与学习。若在一知半解的情况下发布与事实相违的推文，等于助长了谣言与虚假新闻的气焰。自主进行发文相关训练的同时，自然而然地也会主动进行相关知识的学习，对提高搜集信息的能力而言无疑大有裨益。

⑩拥有行动力

若想让推文尽可能多地获得点赞，光靠发推文显然是不够的，优秀的输出少不了笃实的输入。于是，你开始前往原本不怎么光顾的店铺吃午饭、观赏电影、阅读各类书籍……千方百计地寻找热门素材。推文趋向于极致，反过来也提升了自身的行动力。真正的"推特废人（指一个劲儿地只玩推特的废人）"是不可能涨粉的，而正因为想要获取更多粉丝关注，所以才会付诸行动。

描绘"愿景"并发送

接下来我准备讲些有关社交平台理论的内容。鉴于它与写作能力的高低息息相关,所以请容许我稍作介绍。虽然我鼓励大家"去发推文吧",但也不是说非得以成为网红为目标不可。勉勉强强地让自己在网络世界火起来,陷入粉丝争夺的怪圈,是很辛苦的。当你有了1万粉丝,就想涨到3万;真到了3万,又开始思考5万粉丝的事了。不断与他人进行比较,只会令自己惶惶不可终日。

所以,最关键的是要带着自己的"目的"描绘"愿景",再将推文发送出去。我有一个"创立出版社"的梦想,所以在发推文时,就会着重去选择写一些让写手和编辑们愿意来看的内容。该怎样做,这些编辑和写手才肯来我的出版社呢?我发推文这么久以来,都在想着这个问题。必须先去描绘一幅"自己想成为什么模样"的愿景图画。如果连愿景都没有,你的推文必然会脱离轨道,用吸猫视频来吸引粉丝纯属无可奈何。

如"已发送内容"一般的人会聚集过来

说了这么多,那究竟怎样才能基于自己的"愿景"去获得粉丝呢?

玩推特的时候,我发现了一个有意思的现象,那就是推特的世界遵循着"镜子法则"。你对它说"你好",它也会回"你好";写"笨蛋"也会回一个"笨蛋",宛如一面镜子,将你所发送的内容全数返还。

内心闷闷不乐的时候写下消极的话语,消极的人马上会闻风聚集过来。越是抵抗地说"你别过来!开什么玩笑!",则越是有人喊着"开什么玩笑!",逼近自己。简单而言,就是如"已发送内容"一般的人会聚集过来。所以,如果你想获得高质量的粉丝群体,只要你发送的内容也足够优质,那就行了。我想多认识不同的写手和编辑,所以我就会发一些和写作有关的内容,希望了解此类资讯的人会聚集过来。

由自己去发送想要了解的某种领域的信息,这类信息会主动聚集到你的身边。举个例子,如果你想搜集一些与跳槽相关的信息，可以先试着分享自己所知道的、对跳槽有用的部分信息。能有实际体验自是最好，但从书本得来的或是调查发现的内容也并无不可。当你不断地分享这些有效的信息，有着同等属性的人就会受到吸引并聚集过来，到最后反而你也能获得自己所不了解的跳槽信息。

发送的内容会直接成为粉丝的属性。如果这样想的话，通过引发争议和批判而获得的粉丝，基本也都精于此道。有人说："不引战的话怎么涨粉呢？"但是要明白，我们本就没必要刻意地去增加粉丝数量，再者引发争议的手法如果太差，精神压力也会变大，所以我是不会向普通人推荐这种做法的。

推特世界遵循"镜子法则"

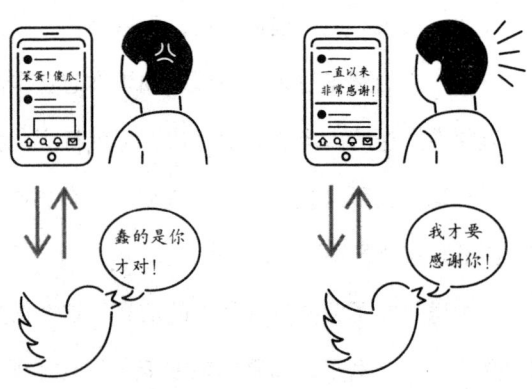

1000 个粉丝和 1 万个粉丝，谁更牛？

相比 1000 个粉丝，拥有 1 万个粉丝看着似乎更厉害。但即便只有 1000 人，如果粉丝质量极高，这个账号就是有价值的。1000 人里大多是广告撰稿人、律师、电视节目导演等等的话，那可比那些好几万粉的八卦账号有价值得多了。为此，我们不能走"用梗来引发关注"的路子，而应切实地"心怀愿景、分享内容"。"将好的内容广泛传播！""分享我所知道的诀窍！"当你用这种心态去经营账号的话，1000 个粉丝目标达成不过是时日问题。而且，他们必定都是质量极高的粉丝。

推文若像有趣的杂志，会迅速"吸粉"

　　账号若想获得高质量的粉丝，就应心怀效仿"有趣的杂志"的意识。

　　"有趣的杂志"，是指目标主旨明确、内容丰富充实、读之有所获益的作品，我们应以此为优秀范本打造账号。有些人只会在推特里不断"转发"自家公司的宣传或者业界相关新闻，用杂志打比方的话，就属于那种"整本都是广告的杂志"，毫无实用信息，跟街头免费派发的小报没啥区别。若是以"搜集整理信息的能力"为卖点那又另当别论，但转发这种事情谁都会做，很难形成差异化。所以不要搞转发，而是要正儿八经的发内容。自己发出的"鲜活的观点"相比对他人推文的转发，其价值要高上好几倍。

　　有关具体该如何写推文的问题，我在这里重新做一次整理。

如何写出高点赞的推文

①用 140 字结束本段内容

吸引人阅读的文字，必定能在 140 字内结束所有内容。不必看前后推文，也不用知道写这段文字的人是谁，读者也能搞明白"这段话讲的究竟是什么"，所以他们才会互相分享转发。一条推文就如同在路边跟陌生人搭话，对方肯定对前提、背景之类的信息一无所知。请务必用心打磨能让对方产生好奇心的文字。

顺带一提，140 字的字数限制若能写满，也会更容易吸引人浏览。从手机上看，这段文字会占满整个画面，极有魄力，看着内容就特别充实；再说字数多也不禁会瞬间让人好奇"他究竟写了些什么啊"遂开始阅读，效果极为显著。

②只看第一行就知道要说什么

开头很重要，这个我也已经重申多次了，推特也不例外。倒不如说，推特世界里决定一条推文值不值得看，也就是零点几秒的事情而已。因此开头必须下苦功夫，尽量让读者在第一行就能明白"啊，原来是要讲和 ×× 相关的内容啊"。

③将半径 3 米内的事物当作题材

对于身边的话题，人们的反应是最为强烈的。相比"民法进行了修订"的佶屈聱牙，还不如直接从身边人的角度下手，质问"夫妇不同姓制度能够实现吗？"可能会更吸引眼球。请考虑一下身边半径 3 米内的题材是否值得一说。

④想要运用的人生诀窍

这个方法效果是最好的。人们都希望能了解一些有用的诀窍，所以只要将自己所知道的诀窍分享出去，被阅读的概率也会大幅上升。

⑤有能够刺激读者喜怒哀乐的要素

情感丰富的文字会吸引读者。果然，我们对他人的情感还是颇敏感的。愤怒、悲伤、喜悦等等，文中不仅要有有价值的信息，也应检查是否包含这些情感要素。

令人感到意外的是，这时最重要的并不是决定"应该写什么"，而是思考"不该写什么"。一旦明确情感在推文中的作用举足轻重，就会特别想去蹭艺人不伦事件，或是社会主流话题的热度。这时应赶紧停下来好好思考一下："这是不是我的账号里应该发布的信息？"你的账号究竟属于什么类型的"杂志"？该发些什么话题？这样就能回到正常理性的路径上了。摆正自己的真实立场，确保不偏离主题，是写好推文的关键。

找准"属于自己的位置"

在推特上流转的信息和内容实在太多，如何才能在文字堆中脱颖而出、一枝独秀？那就应从整体的平衡出发，想想自己该发什么内容。像我之所以会分享写作技巧的推文，完全是因为现实中没几个"会发推文教你写文章的编辑"而已。推特上名编辑的身影并不少见，但他们却极少发有关写作技巧的内容。同样身为一名编辑的我，站在这个立场上考虑，不免就会觉得只要我去发这方面的内容，多少都能让自己在茫茫人海中更显眼些。

"这个位置没人，占坑试试看！"这种瞄准空位就上的思路极为重要。如果能找准独特的位置，之后你就能轻松很多了。究竟发什么才会受到欢迎？一定要停下来仔细想想！

撰写值得信赖的个人资料

为了增加符合自身愿景的粉丝数量,个人资料也是重要的展示平台。无论推文写得有多好,要是个人资料不够齐全,总会给人"他是怎样的人?总觉得很奇怪啊"的感觉,进而失去关注的欲望。无论如何,都有必要创建一份能够充分了解你的"个人资料"。

一份合格的个人资料该怎么写?从结论来看,将可信度、实质、亲切特质这三大点融入其中是极为重要的。但为什么是这三点呢?设想一下,当我们与某人初次见面,会是怎样的场景?第一反应肯定就是看对方"像不像个坏人?";再者观察服装、发型等外部特征;最后,会问对方"是做什么工作的?"。如果没有太奇怪的地方,那"可信度"就达标了。

而之后是否要继续与对方交际,取决于"这个人是否能为我带来利益?"对方是否了解我所不知道的事情?是否拥有我所希冀的特质？待在一起会感到安心，或者愿意倾听我说话，这些都算是利益，此乃是否拥有我所渴求的"实质"的一环。

最后就是"亲切特质"。除了值得信赖、能为我带来利益以外，对方"居然还有这么有趣而不为人知的一面啊！"得知这些，必然会拉近双方之间的距离。这时与其说是"关注的粉丝"，倒不如说可能变成"狂热的追随者"了。

真实交往中我们都需要"可信度、实质和亲切特质"这三点来打消隔阂，那直接将这种感觉挪到社交平台就更是如此了。个人资料是社交平台里用以展示第一形象的窗口，可谓决定你能否获得粉丝关注的"试金石"。

值得信赖的个人资料（以本人为例）

竹村俊助 / 编辑　　　　←　　　　　　可信度

株式会社 WORDS 董事长，为经营者宣传策划等提供咨询的顾问编辑。先后就职于中经出版、星海社、钻石社，而后独立。曾负责《笔记的魔力》（前田裕二）、《如何经营福冈市》（高岛宗一郎）等书的编辑与执笔工作，目前正努力探求能在社交平台时代"传情达意的文章"。土豆沙拉是心头好。

　　　　↑　　　　　　↑
　　亲切特质　　　　实质

①**可信度**

写明个人姓名与公司名称,这本身就能保证资料的可信度。再写上至今为止我所从事过的具体工作,为的是告诉大家自己并不是什么怪人。

②**实质(专业性)**

"只要你关注了这个账号,你就能获取这些内容哦!"会这么写,是想让对方感受到"或许能通过这里收获社交平台时代的文章写法"。

③**亲切特质**

写这个完全就是小伎俩操作了。我的话,会写"土豆沙拉是心头好",能有多具体就写多具体。相比"零食点心",写"××品牌薯条"效果更好。

在网络上创造自己的"人格"

若你能通过自己的个人资料清楚地传达"我是谁"的信息,一个属于你的"人格"也将诞生于网络世界。要是能每天坚持更新推文,粉丝心目中对你的"人格认知"会更加清晰。

经常混迹于推特平台的朋友,应该多少都听过池田勇人和伊藤春香两位红人的大名。有趣的是,明明粉丝们从未实际与这两位见过面,但只要问及"池田先生是怎样的一个人"时,居然也能回答："是一个说话挺不客气的人呢。"奇妙吧？一次都没见过面却能说出这种评价，可见其脑内已经生成了池田先生的对应人格。所以说，在网络世界里创造"人格"这件事应该放在最优先级，只要你做过一次，之后那个"人格"就能自行运作起来。

  最理想的状态下，当别人提起"说到××的话"，第一时间想到的就是你的名字。"说起最了解甜点的作家，那就是？""说起能将经济知识讲得通俗易懂的学者，那就是？""说起熟知东京地价的人，那就是？"等等，只要说起某一特定领域就必有你的名字，那么在网络上的"人格"可谓创建完毕，再者可能会有不错的工作找上门来。个人资料写得好，绝对能成为自己的金字招牌。

第5章 总结：
这样做，能将写作化为习惯

01

在挑战长篇文章之前，先在社交平台上进行"写作训练"。

02

就像一名"主编"那样，决定要分享的内容和理念。

03

多试错。栽的跟头越多，就越能把握自己追求的题材和文章究竟有何特点。

04

创建一份包含可信度、实质与亲切特质在内的优秀个人资料。

章节小专栏 5：集中精力写作的 10 招必胜法

由于工作原因，我既写过超万字的网络文章原稿，也写过近 10 万字的书籍原稿。撰写长篇文章的诸多技巧中，"承认自己意志薄弱"是最为重要的一条。不紧不慢地打开电脑，洋洋洒洒地写 3 个小时，长舒一口气："嗯，今天居然一下子就写了 1 万字"——想多了，除了村上春树以外，没有人能强大如斯。

大多数人打开电脑的第一件事是跑去浏览社交平台的动态，消遣个把小时之后才挣扎着说："必须要开工写稿了！"话音刚落，写一行又删一行，写一行又删一行……越写越是厌恶，随即重新沉溺于社交平台的地狱之中，这是他们的生活常态。因此，为了驱动意志薄弱的自己顺利投入工作，以各种方式花大力气解决这一问题是有必要的。

能集中精力工作的时间有多长？

在哪里工作可以保持集中？

听什么样的音乐有助于集中？

要时常追踪自己的日常行动，确保自己身处最合适的工作环境之中。因此，下面向你介绍我所发现的"集中精力写作的10招必胜法"。

01 保证充足睡眠

我每天都睡8个小时。写作是一项费脑力的工作，要是脑子不清醒，工作效果也就可想而知了。睡觉是最简单显著的方法。让我们睡饱些吧。

02 远离网络环境

文章之所以半天都磨不出来，与其说是"在与文字进行着一场恶战苦斗"，倒不如说是"被写作以外的事情分散了精力"。"必须得回这封邮件""刚刚那条推文有没有人留言？"总是将时间花在这种事情上，写作肯定就停滞不前了。解决这一问题的必胜法，就是"让自己置身于只能思考写作的工作环境之中"。

我很推荐大家使用前文提及的"POMERA便携式电脑"。

只需将亟待整理的文稿数据导入，尽可能把手机放在家里，然后出门工作，强制让自己待在"只能思考写作"的地方就行了。

03 将任务划分为小项

将数万字的长篇原稿划分为若干小项，然后开始逐一击破。尽可能将工作任务划小，控制好每部分的工作强度，常常能感受到解决任务的"成就感"，岂不美哉。

04 提前了解人类无法长时间集中精力这一事实

撰写文稿的过程中除了要考虑文章的整体走向，像要不要加逗号、究竟是用"但是"还是"不过"这种琐碎的问题也极多，选择之繁杂是自己难以意识到的，大脑的疲倦程度远超想象。因此，要让大脑得到适度的休息，平稳地推进工作会比较好，不要像打了鸡血一样让大脑超负荷运转。说起来，能够长时间集中精力的人本就几乎不存在。

05 没心情的时候就去散步

我重复着"每工作2个小时，就休息1个小时左右"的工作节奏。不过，虽然说是"工作2个小时"，但期间是很难做到完全集中精力的。总而言之先打开电脑面对着文稿，能做多少是多少。

至于休息时间，散步也行，吃饭也 OK。盯着文稿长达 2 个小时，快到休息时间的时候其实大脑已经快达到极限了，再继续做也意义不大。当自己觉得脑子转不动的时候就该停笔站起来，先去休息片刻，再回来重启战斗。

06 适当前往人声嘈杂的场所

就我个人的倾向而言，真想集中精力工作，反而会去那种人员混杂、闹哄哄的咖啡厅。周围人聊天的声音若是过于令我在意，那我会选择听音乐，但大多情况下是不听的。让自己在对他人谈天的动静或视线稍有感知的情况下直面文稿，如此一来，努力不让自己受周围人所干扰的力量会化身为撰写文稿的专注力。

要是下定决心"今天必须做完这些不可"，我偶尔会去 RENOIR 这种消费稍高的咖啡店里开工。就算自己没法集中精力干活而萌生退意，也不免会想"不不不，花了 700 日元，最起码得把本赚回来吧……"从而迫使自己继续工作。

07 提前决定完成工作后做什么

关键就是要奖励自己。"干完这个就去喝一杯吧""搞定之后我就去蒸桑拿"等等，提前制订能让自己兴致高涨的奖励计划，正如在马匹的面前垂吊一根胡萝卜，激起其欲望以求不断向前狂奔那样。

08 对外宣告最后期限

这或许是最有效的一种办法。若不确定最后期限是几时，人基本都懒得动弹。去和某个人宣告工作的最后期限吧！向客户承诺"××日之前保证交稿"，甚至可以将最后期限放到社交平台上公之于众。这样做能给自己带来巨大的动力。

09 相比质量，要优先完成

就是说"不要追求完美"。反正后续想修改多少次都行，总而言之先优先结束收尾。如果我们对一下子就制作出成品不抱任何追求，就不会耗费过多的精力，进展反而会更加顺利。

10 总之先忍住，在电脑前面呆够 5 分钟！

写不出东西的根源，在于和"真讨厌"情绪的缠斗。明明有东西要写却什么都写不出来，与其说"写不了"倒不如说是"不愿写"而已。因为不愿写，所以就跑去看电视；因为不愿写，所以就跑去刷推特；因为不愿写，所以就去喝酒……你需要的只是用一句话表决心："好了好了，赶快去干活！"毫不避讳，我也曾在不想写东西时干过刷推特这种事。这并不是耗费时间去思考该发什么推文的时候！我也对自己念叨过很多次了："好了好了，赶快去干活！"

只要对写作这件事稍加投入，开写不久你就会发现"真讨厌"的想法已然不见踪影。先把网络掐断，随后，让我们直面文稿吧。绝非有工作的干劲所以才动得起来，而是因为开始动了起来所以才产生工作的干劲，顺序正好相反。

第6章

只要能写,人生即改变

"费劲"之后诞生全新的自我

当今时代对写作高手极为有利

写到这里,我已经向心怀"写作真费劲啊"情绪的你传授了各种让自己更为轻松的写作诀窍。最后一章,我打算为"费劲"画上一个句号,为你讲解写作所具备的好处,以及写作能力会在这个时代成为何等强劲的有力武器。

私以为,再没有像现在这样对"善写之人"如此有利的时代了。为什么呢?直到不久之前,大多数时候我们还是在现实中与别人结识,比如通过好友和熟人的介绍,或是参加会议或派对等等。大家会互相寒暄、交换名片,作自我介绍:"我前段时间从公司辞职了,现在是一名作家",大概就是这种感觉。在这种情况下,"善言之人"是具有优势的。

在初次见面的情况下,如果一个人足够能言善道,就会出现这种对话:"现在我正构思着这样一本书。如果条件允许,不知能否允许我斗胆前往贵司叨扰?"会说话的人总能从中受益,他们的优势是压倒性的。但是换作现在,"文字形式的初次见面"的情况也越来越多了。近来,"初次见面"的平台有社交媒体、邮件、短信等等,层出不穷。我自己的话,在进行"真实"会面之前,有时也会来一场"文字上的接触",换言之会面临越来越多的"文字形式的初次见面"了。

在这个时代,不是"善言之人"有优势,而是"善写之人"有优势。光靠文字,马上就能形成对某个人的初步判断:"这人真有趣啊!"写作为畏缩不前的人提供了新的选择,可谓福音。今后,优势必然会逐渐转移到"善写之人"的身上。

即便畏缩不前,也能靠文章"败者复活"

你是否有过这种经历?

假设和某个人初次见面。由于内心充满好奇"那个人究竟是怎样的呢?"遂跑去看他的社交平台。不看还不要紧,一看发现上面全都是些轻率自傲的言辞,"啊,还是和这人保持距离为好吧。"

相反,要是觉着"我对那个人没什么印象"遂浏览社交平台,却发现"哇,他的文章意外地写得不错啊"或者"想法挺有趣的,而且还有 3 万粉丝呢"等等。想必我们都有切身体验!

我个人在现实生活中反而是个相对畏缩不前的人，并非那种主动和他人交心的类型，留给别人的印象应该不深。但就算是这样，我也能写出富有思想的文章，投稿到社交平台上也能获得反响，由此加强别人对我的印象。换言之，即便是存在感极弱、不善言辞的人，也能依靠"文字交流"实现"败者复活"。

以往，当遇到"想要展示自己，但是没有站在人前的勇气""想说的事在嘴边却说不出来""不善于发表演讲，口齿不伶俐"等等情况的人，夜深时分只能噙泪入眠；但现在只要尝试挑战写作，情况便能够迅速逆转。

在许多人面前东奔西走，和不同类型的人搞好关系，言辞流畅地进行愉悦对话……要实现这些，某种程度上与一个人的天性与才能有关，或许成长环境和教育水平会带来极大的差异。然而另一方面，"写作"这种能力是通过后天学习就能轻易获得的。无论是谁，幼童时期的写作能力都半斤八两。因此就像本书所介绍的那样，只需掌握若干小技巧，你的书写能力就能得到相应的提升。

"文字交流"之强大不可估量

"文字交流"除了能够成为口头交流的替代选择以外，还具备许多优点。

第一,"文字交流"不受时间和地点的限制。视频和音频另当别论,但"口头交流"的时间和地点是固定的。而文字就不一样了,不论何时何地都能进行阅读,上班途中也罢,午休时间也罢,深阅浅读皆可。

第二,无论多少人阅读也不会紧张。"口头交流"的过程中,对象数量越多则越容易感到紧张,网络平台直播也是类似的。只要想到屏幕对面"正有几百几千人盯着自己",说话也会变得不那么利索;文字形式则无须为此烦恼,就算有好几万人阅读你的文字,内容与情绪都不会因此有任何改变。

第三,转发和传播都十分轻松。文字内容简单地就能进行复制粘贴,通过社交平台瞬间即可扩散。自己不必拼命地苦心经营,只要内容足够优秀,必然就能广泛传播。并且,仅需在网络上投稿一次,之后哪怕自己什么都不做,文章也会自己"经营"。换言之,只要发布出来了,24小时365天它都会加班加点地"自行工作"。

当今时代,"文字"比"话语"传播的速度更快——若能掌握"写作"这种文字形式的交流,就是胜利者。"我是个怯生的人,很难表达自己的想法""因为我不善言辞,所以不能大展拳脚"……如果你这么想的话,这个时代正是绝佳的大好机会:只需磨炼写作能力,你就能增加自身的影响力。

在多样化时代中突出自身优势的重要性

大家看着同样的电视节目，听着同样的音乐，获得同样的资讯……这一切距离我们并不遥远，不过是前几年的事情而已。上班族在公司工作，主妇料理家务。曾经，我们不必自己书写文字并广而告之，因为只需按照规定好的轨道前行，总能去到一处不错的目的地。

然而如今是"多样化"时代，社会中充满各式各样的想法观点，也多有诞生于不同背景的人。以往"行业领域"的分界线开始崩坏，"常识"也变得不再奏效。若还继续循着既有轨道行进，或许将无法预知会被带向何处。也正因如此，我们有必要通过"写作"来突出自身存在。这样的时代正在来临：如果表达不够清晰，将无人能理解你。

虽不至于说"沉默是金",但长久以来日本都将默默埋头工作视作一种美德。过度张扬自己是观感极差的行为,这种社会风气至今还有遗存。当然,我也并非全盘否认这种观点,抨击它一无是处。然而什么都不做的话,即便"是金子总会发光",依旧有长埋于地底的风险,是"金子"又有什么用呢?至少现在,通过"写作"将自己的特点事无巨细地告知众人,显然变得越来越重要了。

写作和投稿是"面向世界发表演讲"

写作和投稿是一次"面向世界发表演讲"。通过使用社交平台,你就能将自己的想法和思绪与许多人分享。

写就文章并发布于社交平台上,有时也会带来意料之外的际遇。以前,我们是很难做到直接在电视台或者出版社负责人面前发表演讲的,但是现在只需一条推文,就能让他们看见我们的身影。

有时连著名艺人、大公司老总甚至在全球活跃的明星运动员,也会向我们投以目光。换作以前,如果要向本田圭佑[1]转达某些信息的话,唯有向其经纪事务所写信,除此以外别无他法;但现

---

1. 本田圭佑是日本知名足球运动员。

在只要通过推特，就有可能把想说的话直接发送给他。试问，还有哪个时代具备如今这种开放的可能性呢？

虽然竞争可能会很激烈，但通过本书所传授的技巧切实提升了能力的你，肯定是没问题的。请务必挑战"发表演讲"，并实现自己的梦想吧。

让他人了解自己，工作亦随之而来

只需向外界介绍自己"是这样的人"，或许就会有人带着适合你的工作找上门来。我刚开始用社交平台扩大自己的声音没多久，就有越来越多的人找到我，说："竹村先生似乎比较擅长这一方面的内容，想尝试这份工作吗？"等等。委托我写这本书的工作也是这么来的，源自我先前有协助编辑公司经营者的 Note 的经验，而被建议"要不要试试写这本书？"着手开始写的时候意外地发现进展顺利，由此也扩大了我的工作范围。

"自己觉得擅长的领域"和"别人委托希望能做的工作"，二者往往是不一致的。即便我深信"自己应该做书籍编辑的工作"，但这时总有人告诉我一个事实："你要是写 Note 的话会更有前途哦！"最了解你真实水平的并不是"自己"，反而可能是"身边的人"。别人能告知自己究竟应该做什么,能在什么领域中发挥能力,这正是"写作"本身最大的优点,改变人生的机遇也将随之而来。

尝试将自己的存在广而告之,把信息的触手伸向市场的每一个角落。这个时代,我们不能再过度依靠他人了,通过写作让自己的才能公之于众,某种意义上也是在构建自己的"安全网"。

从事咨询类的"智力劳动"

当你在写作的世界里变得游刃有余,那么或许也有能力进入咨询行业。假设你在一家房地产公司里负责营销工作,要是只停留在日常销售的一亩三分地,肯定是无法发现更广阔的世界的。但是,如果你有能力写出《怎样寻找一间好房子?》《今后地价会上涨吗?》《东京未来地价将如何变化?》之类的文章,那你就是独当一面的"咨询师"了。文章带动自我价值的提升,也能为自己带来更多工作上的可能性。

网络世界中没有"行业"的壁垒。只要将文章投入这个世界中,就会收获到身处行业内未曾有过的、来自其他行业的声音。在自己的行业内视为"常识"的内容,在其他行业人的眼中便是如同"专家咨询"般的高深知识了。

我所分享的内容,其中大多数都是出版行业内的常识罢了。"作者想说的和读者想听的并不一致",也是许多编辑会提的建议。

然而，只是将它们写成文章并分享出去，就会化身为行业外人士的"全新发现"。仅仅是拥有诀窍的话，得以活跃的领域也不过是自家旧地；写成文章并输出分享，你将收获到十倍以上的市场。

写作是最好的副业

这个时代，我们已无法预知未来的走向，许多人也表达出"想要从事副业"的愿望。在此，我极力推荐借用写作的方式，将自己在主业中获得的知识与技巧分享出来。总有人会谦逊地表示"哎呀，我做的并不是太不了的工作"，但正如我刚才所说，对自己而言理所当然的"常识"，在普通人眼中看来就是相当有价值的知识了。

要是一个人在公司里做了 10 年管理工作，那他就具备 10 年的管理价值。而通过他的建议节省了税款且赚取 100 万日元，那他就有可能获得数万日元的咨询费。同样，一个从事护理行业 10 年的人，能够通过与公众分享自己的专业知识，帮助到更多需要护理的人，价值将是不可估量的。在物理层面，信息虽然自由传播一般不收取费用，但其中凝缩的知识与经验具备极大的价值。以出售资讯为主要业务的职业，实际比我们想象的要多得多。

以医生为例，除了负责手术的医生以外，他们的主要工作就是诊断和开药，其实就是在"出售知识和信息"。诊断患者病情，运用自身的所有知识去决定开哪种药，不需要直接去做些什么，也不用亲自去开发药物，就是一种选择而已。所以，这笔钱可以称之为"信息费"，或者说"咨询费"。许多职业都将信息与知识转换为金钱：医生、房地产销售、律师、税务师、政治家、投资家等等。他们都是靠出售知识、信息和经验来谋生的。

归根结底，我想说的其实就是：谁都能写文章，但不能因此就认为它毫无价值，其实并不然。无论是谁，都拥有大量的知识与经验，只因其暂时停留于脑中未能展现，所以给人以毫无价值的观感。如果能将这些内容以通俗易懂的方式转化，就会有人为了前来学习这些知识而掏钱。

谁都拥有"只有自己才能写的内容"

在第 1 章里我曾说过"不必试图去写自己的事情""首先应该去取材撰写身边的事物"等等。但是，如果这个取材的对象是自己，那也是没问题的。常有人讲"我从来没写过自己的事情""我身上又没什么有趣的东西，写了也没人看"等等。不过从理论上看，谁都应该拥有"只有自己才能写的内容"。

我曾采访过一名男公关俱乐部的经营负责人。一开始，他还对我说"我们这里的资讯，基本都没什么营养。"然而，想管理一家男公关俱乐部，必须将十几二十位年轻下属管好才行。得把曾经吊儿郎当、放荡不羁的年轻人管理得服服帖帖，并且能够取悦客人，并不是一件容易的事。

那段时间我恰好也烦恼着创建团队的问题，所以就问他："该怎样才能将团队集结起来？"于是，对方给了我这样的答复：

首先得打造团队文化。良好的文化一旦建立起来，就算后续有新人加入，也会得到熏陶和感染。先把团队文化给搞定，就没问题了。

那文化又该如何建立？首先要找到两个值得信赖的人，日后保持三人共同行动，打造只有三个人在一起的氛围。自己无论想到什么东西，都要全部与另外两人分享。如此一来，独特的文化就在不知不觉中建立起来了。

首先形成三个人的文化，随后大家就会用自己的理解将文化不断充实。这个经验虽然来自男公关俱乐部，但我认为这对于任何组织和团队来说，都是极具操作性的诀窍。

自身拥有怎样的价值，往往是不自知的。自己认为十分不错的内容，在旁人看来可能无甚价值，乃至评价"写这么普通的东西有意义吗？"或者，同样的前提下，也会出现旁人认为很有趣的情况，不一而足。

之前，当我向创意总监水野学先生发出邀请，希望他能写一本有关工作计划的书时，他也曾表达出忧虑："有趣的题材有倒是有，但不知道能不能写满一本书啊……"然而当我询问了有关工作计划的烦恼时，他给了我不少根本性的解决方案。"没错！"我大喊，"这绝对能成为一本好书！"结果，《最为重要但从未有人教过你的工作计划教科书》顺利诞生。

文字凝缩着"至今为止的人生"

现在我们能接触到的信息确实多不胜数。但是，从你的个人立场出发，受至今为止的人生经历影响而发出的言论，必定是独一无二的，这份独特性又蕴含着属于它的价值。

譬如，漫画家尻上寿先生用 10 秒快速画了一幅画。绘画时间虽然只有区区 10 秒，但这几笔却折射出他多年的人生经历，也正因如此才具备价值，其他人就算能画得和他一模一样，也并不具备这份价值。委托网络上的廉价画手，或许只用 500 日元就能画出来；但尻上寿先生画的，却值数万日元。"尻上寿先生所作"

这几个字本身就很值钱了。

文章也是如此。同样说出"人生真美妙啊"这句话的若是5岁的孩童与90岁的老人，二者话语中的意义也绝不一致。90岁的"人生真美妙"背后，是由90年来的各种经验体会所支撑的。寥寥若干字，却会根据发声者的不同产生截然不同的效果。

14岁的岩崎恭子说："这是我长这么大以来最幸福的时刻。"因为这句话由一个14岁的孩子说出，所以才显得有趣。若是多少有些人生历练的人，譬如50岁左右的人讲相同的内容，也只会让人觉得"啊，是这样吗"，并无后续。文字凝缩着那个人"至今为止的人生"，这份独特的厚重感会传递给读者。至于"让我来写毫无意义"，此言差矣。

不断书写，不断"奉献"！

有人会担心："如果我将知识与信息写成文字，不就会被人抄袭了吗？"这种心情可以理解，不过我认为没有必要在意这个。理由正如我方才所说，信息本身是不具备价值的，真正的价值取决于由谁书写。

假设你要一边工作一边抚育三个孩子。由于每天既要上班又要做家务实在太辛苦了，所以你开发了一份可以提前预加工的自制食谱。如果在网络上将这份食谱公开，会产生什么效果呢？

食谱只是纯粹的信息，被大量复制粘贴也在情理之中。然而在这个过程中，"这是由一边工作一边抚育三个孩子的你所分享的心得"的特性消失殆尽，到最后，不过是一份写有材料和用量的"平淡"食谱而已。唯有"一边工作一边抚育三个孩子的你"亲自将这份食谱分享出去，才具备价值。被复制粘贴、越传越广，你的品牌价值就会随之提升。

"写下这篇文章，就是把人类向前推进了一大步。"这种想法虽然夸张，但是并无坏处。"我写下这篇文章并与大家分享，至少也把全世界人们的水平提高了 0.01 毫米。"若能带着这样的使命感去写作，最终必能获得良好成效。不断地付出而又不过分苛求回报，是极为重要的。时时心怀"想为他人做贡献"的无私精神——如果你考虑的是你能给别人带去什么，而不是自己能得到什么，最终必会两全其美、共享快乐。

曾几何时"信息收集"尚有其价值；但如今，更有价值的却是"信息分享"，是时候推动"接受信息"到"分享信息"角色的转变了！从一个接收信息的人，变成一个提供信息的人。信息多样化的世界很精彩，但能做到"高质量分享"的人却不多。这仍是一个待深度挖掘的市场！

第6章 总结：
这样做，写作会变得快乐

01

"写作"能够将信息传递给更多人，比说话更有力。尝试书写，并与读者建立沟通吧。

02

当今时代，你的文章会化身为"初次见面"的第一印象。当自己是一名咨询师，试着将专业领域中的信息分享出去吧。

03

切勿认为"自己写的东西没人看"或"把信息分享出去也太可惜了"，要怀有让世界变得更好的心态。

章节小专栏 6：如果你是经营者（宣传者），可以试着写这些

我以往经手过不少经营者撰写的书，近来则代替他们在 Note 上发表短篇文章，或者为其提供宣传方面的支持等等。也是在这个过程中，我发现了"经营者想宣传的内容"和"大家想看的内容"其实是两回事。实际操作中，对公司业务的理论式说明不如"社长个人的故事与想法"，"抽象的企业理念"不如"濒临破产边缘的艰辛往事"更来得吸引眼球。

我们拥有怎样的强项和魅力，往往不为自己所知。想为公司吸引来一批忠实粉丝、提高知名度的话，相比花上几百万日元自费出版书籍、参加各类出版研讨会，不如试试以我接下来要介绍的内容为主题写成文章并发表在 Note 上，用自己的媒体发声。

一分钱经费都不用花，性价比绝对高。不论是经营者还是宣传者，都可以试试这类题材。

01 建立公司的契机

公司创建伊始往往都是有"故事"的，而人们生性喜欢听故事。既然这样，这个故事请务必讲一讲！受欢迎的公司，其故事往往会口口相传。说起苹果公司的话，大家都知道乔布斯曾被逐出苹果的往事吧？

一定要将这些只有自己能说的故事分享出来！

02 公司成立以来最艰难的时刻

故事讲得太投入，容易变成"成功的辉煌历史"。"公司成立以来稳步发展，顾客群体增长至如今规模，在××年后实现了在东京证券交易所上市的梦想！"很多公司的故事往往会这样讲，但读者是很难从中感受到魅力的。

倒不如多写写艰难时刻与失败往事！"公司能成立自然是好事，顾客数量却是零。有段时间甚至无聊到跑去打小钢珠了。""明明曾经顺风顺水，没想到却因不景气而一时倒闭，那段时间净吃杯面了。"如此种种，艰难时刻和失败往事往往能让大多数读者为之"感同身受"，引发共鸣。

03 突破困难重回正轨的经历

光是念叨失败故事的公司也会显得乏味,并且很难让客户愿意将业务交给这种公司。所以,是时候写写让公司重回正轨的关键转折点和突破口是什么了!在危急关头绝处逢生的复活戏码如此精彩,从地狱升至天堂,绝对会让人大呼过瘾。

04 商品与服务诞生的幕后故事

01~03 讲的都是公司的故事,而有关商品和服务,也建议用同样的方式讲故事。切勿从那种符合逻辑的"商品的优点"的角度展开说明,而应该这么写:"我的妻子抱怨'食谱网站的内容看着一点意思都没有',使我萌生了将食谱制作成视频的念头。""我的父母突然去世,整理家中遗物颇不容易。于是我便想到,有没有一种能提供这类整理事宜的协助业务呢?"等等,故事越具体越好,能让读者脑海中浮现出具体场景。

05 "未来想要打造这样的世界"

经过 01~04 的层层递进,估计有不少读者会对该公司产生兴趣。那么接下来,就该高举理想旗帜:"未来想要打造这样的世界!"描绘出公司未来的理想蓝图,这里可以加入公司的理念、成立的想法等内容。同时,也别像"通过数据和模拟的融合为顾客提供解决方案"这样堆砌艰涩的辞藻,而应选择"平易近人"的写法:"我们想打造出无论谁都能简单对外分享的世界!"

"居高临下的态度"是禁忌

通过上述01~05,不难得出关键在于"右脑、体温、感情"。右脑,意味着要以感性和虚拟的形式将内容传达至大脑;有"体温"的写作方式,正如受伤就会出血一样简单直接;切勿将文字诉诸理论和道理,应在"感情"的驱动下遣词造句。

社交平台时代,屏幕对面往往是个"躺在床上大腹便便地刷着手机的活生生的人"。平日里穿着西装、外形光鲜亮丽的上班族,到了周末,同样会恢复到穿着日常服装的生活状态,而你,得想方设法让自己写的东西传达给他们。社交平台时代的宣传工作,亦遵循此种规则。

另外,相比客观的写作语言,主观的写作描述更值得提倡。换言之就是别去写"我们能提供××服务哦!"这种皮笑肉不笑的句子,而应选择"我觉得要是有这种服务,大家应该都会感到很开心,所以才着手实施的""因为周围确实有人深受此困扰,所以我才开启了这项服务"这种写法。社交平台时代,大家想听的并不是"公司"的故事,而是来自"社长"或"在职员工"讲述的亲身经历。

顺带一提,要是用"就让我来告诉你"这种居高临下的措辞去讲故事,估计是吸引不了多少粉丝的。相反"让我们携手并进吧""希望你能助我一臂之力"这种立场下说的话,更讨人喜欢,而这个道理应该不仅通用于社交平台层面。相比"这个商品很牛吧!"不如"这款商品卖不动,请帮帮我们!"来得更有效果,相比"请帮忙转发这条推文!"不如"让我们一起来想想该怎么卖出去吧"来得真情实感。此时,大家就会产生好奇心,气氛随之热烈高涨。"现在有 A 和 B 两种设计,你认为哪一个更好呢?"——这种提问效果应该也不错。

拒绝"居高临下",保持和读者"共同"炒热氛围的意识是很重要的。

后　记：
用文字打动世界

　　看到这里，你觉得怎么样？

　　请务必将本书传授的诀窍活学活用，切实提高文章的质量。每天只尝试一点点，1%也无所谓，假以时日，必能成为一名写作高手。

　　把"坚硬冰冷"的文章转变为"富于传情"的佳作，才能够依靠它打动人心，你的想法与思绪也将为读者所知。

　　若可把"无人品读"的文章转变为"众人传阅"的佳作，商业层面的进步也将不难以预见。书籍取得优秀的销量，各种店铺与活动的邀请随即纷至沓来。

　　若可把"枯燥无味"的文章转变为"妙趣横生"的佳作，仅用文字便可使人欢欣鼓舞。它能为陌生人带去生活的勇气，也能创造出应有价值，这真是一件了不得的事情。

　　能写得出有趣的文章，也意味着拥有"内容化的能力"。我一直以来都认为，世上万事万物都被迫机械地接受了内容化，无论是广告、宣传还是商品说明，都进入了一个"如果不够有趣便无法引人关注"的时代；而能在这种背景下生产内容的人，其价值是不可限量的。

写作，唯有写作，才是能够即刻改变人生的良方。

电子邮件、策划书、委托书、报告书、会议记录、简历、推特、博客……人生中需要接触写作的场合多不胜数，而高质量文字输出的那一刻，人生的理想上限也将得以不断提升。

仅需一封邮件，就能改善人际关系；仅需一份策划案，就能为公司带去莫大的利益；仅需一次简单的博客开通申请，就能打动整个世界……这如梦如幻般的设想，皆有可能实现。

世界由文字驱动，无论是政治、商业、人际关系或是其他种种。善于使用这种力量，我们将所向披靡；笔尖舞动的瞬间，世界也就此改变，你的人生将变得无比绚烂多彩。

现在你已经从"写作真费劲啊"的束缚中解放出来了。

来吧，是时候起飞了。

※

有时连我自己也会想，我这个没什么成就的家伙居然还敢自诩为"作者"，着实太诚惶诚恐了。虽也曾迷茫过一段时间，但编辑斩钉截铁地和我说："过去对写作避之不及的竹村先生，后来究竟是如何变得能写又善写的？请务必把这种体验撰写成书！"正是有了这句话，我才决定出版这部作品。

当然了，本书所提及的写作技巧并不是我凭空捏造出来的，而是我从许多行业祖师爷和各位前辈那里收获了大量知识后，再以自己的方式整理出来的。读完了这本书，若能从中学有所得，希望你能将这些诀窍传授给其他人。

最后，借此机会，我想向诸位表达由衷的谢意。

感谢PHP研究所的大隅元先生，是他给了我出版这本书籍的宝贵机会，他的精确指引让我顺利地走到今天；感谢设计师三森健太先生和插画师FUJIKO，他们为本书创造出了美妙的内部世界；感谢柿内芳文与中村明博二位，在我撰书的过程中提供了宝贵的建议；感谢日本实业出版社、中经出版、星海社、钻石社曾对我多有关照的上司、前辈、同事、作者和有关人士，尤其是教会我书籍销售的基本知识的饭沼一洋先生；感谢协助我进行文章整理的丰福未波小姐；感谢为我提供了能集中精力的工作环境的上岛咖啡店；感谢让我对读书产生乐趣的父亲，和一直在身边支持着我的妻子；然后，还要感谢读到这里的你。

真的非常感谢。

最后，容许我耍个帅，将村上春树先生在《且听风吟》中的一句话送给大家吧。

不存在十全十美的文章，如同不存在彻头彻尾的绝望。